# 汉字里的中国

许晖 著

## 藏在汉字里的古代风俗史

化学工业出版社

·北京·

## 图书在版编目（CIP）数据

藏在汉字里的古代风俗史 / 许晖著. —北京：化学工业出版社，2020.7
（汉字里的中国）
ISBN 978-7-122-36811-9

Ⅰ.①藏… Ⅱ.①许… Ⅲ.①汉字-研究 ②风俗习惯史-中国-古代 Ⅳ.①H12 ②K892

中国版本图书馆CIP数据核字（2020）第079151号

---

责任编辑：周天闻 龚风光　　　　选图、解说：芸　窗
责任校对：宋　夏　　　　　　　　装帧设计：今亮后声 HOPESOUND pankouyugu@163.com

---

出版发行：化学工业出版社（北京市东城区青年湖南街13号 邮政编码100011）
印　　装：北京新华印刷有限公司
880mm×1230mm 1/32 印张 10 字数 270千字 2020年9月北京第1版第1次印刷

购书咨询：010-64518888　　　　售后服务：010-64518899
网　　址：http://www.cip.com.cn
凡购买本书，如有缺损质量问题，本社销售中心负责调换。

---

定　价：68.00元　　　　　　　　　　　　　　　　　版权所有 违者必究

# 引言

"风俗"一词,东汉学者班固在《汉书·地理志》中解释说:"凡民函五常之性,而其刚柔缓急,音声不同,系水土之风气,故谓之风;好恶取舍,动静亡常,随君上之情欲,故谓之俗。""五常"指的是父义、母慈、兄友、弟恭、子孝这五种伦常道德。

根据班固的定义,"风"是由地理、气候等因素所导致的人的性格、语音的差别,"俗"则是由人的感情、欲望所导致的好恶、取舍的独特习俗。所谓"百里不同风,千里不同俗"是也。

不解风俗,则读不懂古书。比如《礼记·曲礼上》篇有"暑毋褰裳"的礼仪要求,上衣称"衣",下裙称"裳","褰(qiān)"是撩起衣服之意;"暑毋褰裳"的意思是说天再热也不能撩起下裙。《礼记·内则》篇又有"不涉不撅",意思是说不涉水的时候不能掀起衣服。这是为什么呢?原来,周代的时候,膝盖以上没有今人所穿的内衣,如果撩起下裙,下体就会走光。

今天读不懂古书没关系,但是在古代,如果不解风俗,严重的话是要掉脑袋的,因此《礼记·曲礼上》篇中规定:"入竟而问禁,入国而问俗,入门而问讳。"意思是说:进入别的国家边境的时候,要先问该国政治与教化方面的忌讳;进入别的国家城门的时候,要先问城市之中所常行的风俗和厌恶的事情；进入别人家门的时候，要先问主人祖先的名字，以便谈话时加以避讳。后人用"入乡随俗"一言以蔽之。

岳飞的孙子岳珂在《桯（tīng）史》中讲过一个有趣的故事：南宋年间，有两位狂生，一位姓张，一位姓吴，听说西夏有意入侵南宋，遂叛国而往，在酒家里痛饮，挥笔在墙壁上大书："张元、吴昊，来饮此楼。"原来，西夏国君的名字叫李元昊，张、吴两位狂生故意将元昊之名嵌入自己的名字里面，目的是引起注意。果然，被捕后，李元昊以"入国问讳之义"诘问，差点砍了他们的头。

这本小书，把96个汉字分为祭祀、民俗、男女三个专题，详细讲解古人日常生活中那些有趣又鲜为人知的风俗，为古代与现代之间的传承，搭起一座让人可以知其然又知其所以然的方便桥梁。

# 目录

## 战记篇 ——————————

| | | | | |
|---|---|---|---|---|
| 祭 | 以手持肉祭祀神灵 002 | | 俎 | 两块牲肉放在几案上或祭器里 032 |
| 奠 | 酒坛放在地上准备祭祀 005 | | 进 | 将捕获的鸟儿作为祭牲，进献给祖先 036 |
| 登 | 双手捧着"豆"登上宗庙的台阶 008 | | 献 | 把狗放在鬲中煮熟用来献祭 038 |
| 社 | 用土堆成祭坛，坛上立木 010 | | 荐 | 把吃草的野牛作为祭牲 040 |
| 器 | 派狗守着祭祀所用的器具 014 | | 造 | 把祭品装进"舟"这种承盘里去祭祀 044 |
| 享 | 祖先享用祭品的宗庙 016 | | 福 | 恭敬地捧着酒器供献于祭台上 046 |
| 商 | 在祭台上焚烧木柴祭天 019 | | 彝 | 双手捧着鸟或鸡进献给神灵和祖先 050 |
| 血 | 器皿中供祭祀用的牲血 022 | | 遣 | 两只手抓着盛在祭器中的牲肉 053 |
| 祥 | 放在祭台上用来祭祀的羊 026 | | 沈 | 把牛沉入河流以祭水神 056 |
| 且 | 盛放祭肉的几案 029 | | 艰 | 击鼓用捆缚的活人献祭 059 |

| 突 | 把狗埋在坑穴里祭祀灶神 —— 062 |
| 多 | 把祭祀所用的肉分成两块 —— 066 |
| 豚 | 专门用于祭祀的小猪 —— 069 |
| 膏 | 在宗庙里用动物的油脂祭祀祖先 —— 072 |
| 牢 | 把牛关进栏圈里等待祭祀 —— 076 |
| 巫 | 女巫手持道具舞蹈 —— 078 |
| 占 | 察看卜骨的裂纹以获取神意 —— 082 |
| 卜 | 龟甲灼烧后的裂纹 —— 085 |
| 厌 | 人吃祭祀所用的狗肉而饱 —— 089 |
| 若 | 女巫祈神完毕后跪着等待神灵的降示 —— 091 |

| 示 | 用石块或木柱搭起的简易祭台 —— 094 |
| 尾 | 连同尾巴一起剥取的兽皮 —— 097 |
| 异 | 两臂伸开、大头骇人的鬼 —— 101 |
| 贞 | 用鼎来占卜 —— 103 |
| 禅 | 祭祀土地神祈求多产谷子 —— 106 |
| 服 | 按压跪着的人牲，用他的血祭祀 —— 110 |
| 宗 | 屋子里面供奉神主的祭台 —— 112 |
| 帝 | 焚烧捆扎的木柴来祭天 —— 115 |
| 匕 | 半跪拜的柔顺的妇女 —— 117 |

# 民俗篇

| | | | |
|---|---|---|---|
| 书 | 一只手拿着笔书写 122 | 庆 | 用心捧着鹿皮去别人家里庆贺 157 |
| 册 | 中有横木、夯打入地的栅栏 126 | 宾 | 客人走到家里来了 160 |
| 画 | 用手持笔画出田界 129 | 哭 | 孝子散发搥胸跳跃号哭 164 |
| 舞 | 舞者两手执鸟羽而舞 132 | 忧 | 低头伸手忧愁地去搔头发 167 |
| 鼓 | 手拿着鼓槌使劲儿敲鼓 136 | 尽 | 手持小刷子清洗器皿 169 |
| 虞 | 人戴着虎头面具起舞，边舞边唱 139 | 相 | 一只大眼睛盯着一棵树看 173 |
| 望 | 一个人站在土堆上远望 143 | 保 | 把孩子背在背上 176 |
| 复 | 一只脚走进城门 146 | 遗 | 用双手捧着贝去送给别人 180 |
| 害 | 在家里口角会互相伤害 150 | 专 | 用手旋转纺砖来织布 182 |
| 拜 | 长发之人举手躬身而拜 153 | 尧 | 人头顶着两个陶罐 186 |

| | | | |
|---|---|---|---|
| 吹 | 跪坐着的人张开嘴用力吐气 188 | 系 | 手抓住丝绳系东西 210 |
| 省 | 一只大眼睛仔细观察初生的小草 191 | 敢 | 双手持"干"去刺野猪 214 |
| 晋 | 两支箭投入盛有小豆的壶中 196 | 迟 | 一个人骑在另一个人的背上前行 216 |
| 旋 | 士兵的脚步随着旗帜的指向而转移 199 | 逆 | 人向相反的方向行走 220 |
| 粪 | 双手持着簸箕清除污秽 202 | 宿 | 人跪坐在草席上准备睡觉 222 |
| 欠 | 一个人侧过身去打呵欠 205 | 盥 | 手伸进盆子里用水洗 224 |
| 丞 | 伸手去救陷阱里面的人 208 | 夙 | 人在月光下用双手辛苦劳作 228 |

## 男女篇

| | | | |
|---|---|---|---|
| 男 | 拿着"耒"的农具在田里翻土 232 | 夫 | 正面站着的男人插上发簪 240 |
| 女 | 跪坐着做家务的女人 235 | 妻 | 手抓着女人的头发把她抢走 243 |

| 婚 | 来宾持"爵"祝福完后倾听众人的应和 248 |
| 发 | 助跑后将手持的棒子投掷出去 251 |
| 归 | 持帚做家务的女人要来了 256 |
| 妇 | 跪坐着用扫帚打扫卫生 258 |
| 处 | 戴着虎皮冠的人祭祀完后靠着几案休息 261 |
| 丫 | 树木或物体的分叉 265 |
| 尤 | 受到阻碍的植物屈曲生长 268 |
| 眉 | 一只大眼睛上有好看的眉毛 272 |
| 丽 | 鹿头上长着两只美丽的角 275 |
| 婴 | 女子用手取来串玉作为装饰 278 |

| 媚 | 长着大眼睛和漂亮眉毛的女子 280 |
| 身 | 怀孕后身体重得弯下了腰 284 |
| 舌 | 像蛇一样分叉的舌头 287 |
| 齿 | 嘴巴张大露出白森森的牙齿 292 |
| 自 | 鼻翼、鼻梁、鼻孔都画出来了 294 |
| 牙 | 上下交错的两颗大牙 298 |
| 耳 | 一只区分内、外的喇叭形耳朵 301 |
| 足 | 膝盖以下伸出大趾的脚 304 |
| 齲 | 一条虫子使劲儿往牙齿里钻 308 |

# 祭祀篇

# 祭

## 以手持肉祭祀神灵

武侯祠屋常邻近，一体君臣祭祀同。
——杜甫

杜甫咏刘备和诸葛亮，有诗曰："武侯祠屋常邻近，一体君臣祭祀同。"祭祀是古人的日常生活中非常重要的礼节，因此这两个字也就出现得非常早。

祭，甲骨文字形❶，这是一个会意字，右边是一只手，左边是一块肉，几个点是鲜肉滴下的血迹，会意为以手持肉祭祀神灵。甲骨文字形❷，大同小异。金文字形❸，右上边的手和左上边的肉更加形象，下部又添加了一个"示"字，"示"是祭台，以手持肉供在祭台上，则祭祀的意思更加显豁。小篆字形❹，结构同于金文。

《说文解字》："祭，祀也，从示，以手持肉。"《礼记》中有《祭法》《祭义》《祭统》诸篇，详细规定了祭礼的要义和方法。《祭统》开宗明义就说："礼有五经，莫重于祭。夫祭者，非物自外至者也，自中出生于心也，心怵而奉之以礼。是故，唯贤者能尽祭之义。"意思是：不是外物迫使人来祭祀，而是出于人的内心。《春秋谷梁传·成公十七年》讲解得更加清楚："祭者，荐其时也，荐其敬也，荐其美也，非享味也。"意思是说：祭祀的目的不在于真的让神灵和祖先享受美味，当然他们也享受不了美味；祭祀的目的在于将时新的农作物收获，将自己的爱敬之心，将美味的食物进献

❹ ❺ ❻ ❼

给神灵和祖先。这段话中出现了一个"荐"字,"无牲而祭曰荐,荐而加牲曰祭"。"牲"就是供祭祀用的全牛,没有使用全牛的祭祀叫"荐",使用全牛的祭祀叫"祭",这就是"祭"的字符中含有"肉"的来历,因此"祭"就泛指有酒肉的祭祀,又叫牲祭。

从字形上看,"祭"的含义很明确,但"祀"就没有这么单纯了。

祀,甲骨文字形❺,这是一个会意兼形声的字,左边是祭台,右边是人形。左民安先生解释说:"右边是跪着的一个人,表示人跪在灵石前祈祷。"他同时对许慎《说文解字》中的解释提出了质疑。《说文解字》:"祀,祭无已也。从示,巳声。"左民安先生认为右边的"巳"本为人形,那么"巳"就不单单表声,还兼表意。清代文字学家朱骏声认为"巳,像子在包中形",那么"巳"字的本义就是在胎包中成长的小儿。如此一来,"祀"这个字还可以这样解释:在祭台前为成长的小儿祈祷。徐中舒先生则解释为:祭祀时象征神主的小儿。金文字形❻,小篆字形❼,都接近甲骨文,古今没有多大的变化。

"祀"和"祭"的区别说法不一,唐代学者贾公彦注解《周礼》时说:"天神称祀,地祇称祭。"这是说"祀"是祭祀天神,而"祭"是祭祀地神。但是古人还有祀土、祀社的习俗,却是祭祀土地神了。也许在漫长的字义演变过程中,"祭"和"祀"的区别越来越不重要,最终组合为一,变成了今天人们经常使用的"祭祀"一词了。

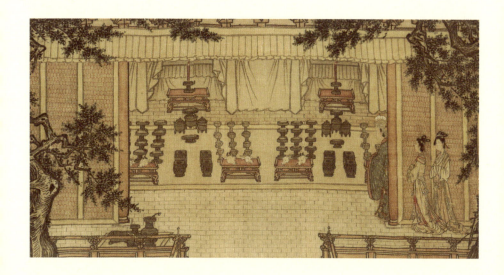

《宋人书画女孝经》上卷"邦君章"(局部)
绢本设色长卷,台北"故宫博物院"藏

　　《女孝经》是唐代朝散郎侯莫陈邈之妻郑氏所作("侯莫陈"为复姓),仿照《孝经》结构,模拟东汉曹大家(班昭号)与诸女问答,讲述孝道之旨,论述了上至后妃下至庶人的女子之孝。原有十八章,此画卷仅存其半,采用一图一文的形式,旧题为宋高宗书、马和之绘,不过据今人研究,其笔墨风格更近于马麟(13世纪),题字也较近于宋理宗。
　　这一段画面是"邦君章"的配图,讲邦君妻(即公侯贵族之妻)的孝道:"非礼教之法服,不敢服;非诗书之法言,不敢道;非信义之德行,不敢行……三者备矣,然后能守其祭祀,盖邦君之孝也。"
　　配图着重表现"守其祭祀"的场景。一位严妆盛服的贵族夫人,领着两个同样端严的侍女来到宗庙之所,似在打理祭祀事宜。高大幽深的祭堂上依序陈列着各种礼器和祭品,红烛高燃,气象肃穆。
　　此图笔墨精到,人物面容清雅,勾勒细腻,表情刻画淡而写实,略具个性,非后世"千人一面"的仕女图可比。

# 奠

## 酒坛放在地上准备祭祀

奠雁迎门，濡苹实俎 ——庾信

❶ ❷ ❸

"国之大事，在祀与戎。"在古人的日常生活中，祭祀占有非常重要的地位，而酒，又是祭祀中非常重要的祭品，因此，凡是含有"酒"的汉字，也大多与祭祀密切相关。

奠，甲骨文字形❶，这是一个会意字，上面可以很清楚地看出是一个酒坛，下面的一横代表地面，酒坛放置在地面上，是要准备开始祭祀了。甲骨文字形❷，酒坛中的两横代表酒。甲骨文字形❸，上面是一个"酉"字，"酉"就是酒坛的形状。金文字形❹，在代表地面的一横下面添加了两点，表示酒滴洒了出来。金文字形❺，"酉"的下面又添加了一个"八"字形，许慎这样解释这个"八"字形："象分别相背之形。"这是指酒坛中的酒是陈酒，酒糟下沉，水往上浮。金文字形❻，左边干脆添加了三点水，表示酒洒出来的样子。小篆字形❼，下面地面和酒滴的形状加以变形，变成了垫东西的架子，也可以视作祭祀专用的祭台或祭案。楷体字形的下面讹变为"大"。

《说文解字》："奠，置祭也。"置祭者，置酒食而祭也。这是"奠"的本义。郑玄说："非时而祭曰奠。"

❹　❺

所谓"非时而祭",是指不在规定时间内的祭礼。这种"非时而祭曰奠"的祭礼称作"释奠"或"舍奠","舍"通"释"。所谓"释奠",郑玄解释说:"设荐馔酌奠而已。"同样是陈设酒食祭祀的意思。古时,朝会、庙社、山川、征伐和学宫中祭先圣先师都要使用"释奠"的祭礼。《周礼》中规定:"大会同,造于庙,宜于社,遇大山川,则用事焉;反行,舍奠。"天子和诸侯会见的时候,要祭庙和社后才能出行,遇到山川也要祭祀,返回的时候,同样要举行"舍奠"之礼。这些都属于"非时而祭"。

此外,学宫中春夏秋冬亦有定期的"释奠",学宫刚建成使用的时候也要举行"释奠"之礼。《礼记·文王世子》中规定:"凡学,春官释奠于其先师,秋冬亦如之。凡始立学者,必释奠于先圣先师。"出征返回之后,也要"释奠",《礼记·王制》中规定:"出征,执有罪,反,释奠于学,以讯馘告。""讯"是讯问生俘,"馘"(guó)是割取敌人的左耳,用以计数报功。押解生俘,陈设左耳,在学宫中祭祀先圣先师。

古代婚礼有一项非常有趣的程序,称作"奠雁",庾信曾经形象地描绘了这一礼节:"奠雁迎门,濡苹实俎。"古时嫁女要用鱼和苹藻祭祖,将湿润的苹藻装在"俎"这种祭器之中,故称"濡苹实俎";而新郎到女方家迎亲,要献上大雁作为礼物,故称"奠雁迎门"。这里的"奠"是引申而来的"敬献"之意。为什么要用大雁迎亲呢?郑玄解释说"取其顺阴阳往来",贾公彦进一步解释说:"顺阴阳往来者,雁木落南翔,冰泮

❻

❼

(pàn,消融)北徂,夫为阳,妇为阴,今用雁者,亦取妇人从夫之义,是以婚礼用焉。"其意甚明。

"奠"即为置酒食而祭,酒坛子就要稳稳地放置在地面或者祭台之上,因此"奠"引申出"定"的义项,比如"奠基"一词,定下建筑物的地基,这个建筑物的地基,跟"奠"字甲骨文和金文字形下面那一横,或者小篆字形下面那座祭台是多么相像啊!

# 登

## 双手捧着"豆"登上宗庙的台阶

> 卬盛于豆，于豆于登
> ——《诗经》

❶

❷

今天最常使用的"登"的义项，只用作攀登、登山，但是在古代，这个字的义项非常丰富，而且跟祭祀制度大有关系。

登，甲骨文字形❶，这是一个会意字，下面是一个高脚容器"豆"，上面是并排的双足。有学者认为下面形似可以踩踏的高台，双足踩着踏台而上。但我们来看甲骨文字形❷，在"豆"的下面又添加了两只手。金文字形❸，上面的双足没了，仅剩下面捧持的双手。金文字形❹，双手、双脚俱全，而且"豆"中似乎盛的还有什么东西。小篆字形❺，又复简化为双足和"豆"的原始形态。楷体字形上面的双足加以变形了。

《说文解字》："登，上车也。"许慎认为"登"是一个象形字，象上车之形。这是错误的。从甲骨文和金文字形看得非常清楚，这是一个会意字，会意为用双手捧持着盛满东西的"豆"，登上宗庙的台阶，供献给祖先。《诗经·生民》中的诗句就是这种仪式的形象写照："卬盛于豆，于豆于登。""卬"（áng）表示第一人称"我"。我将祭品盛放在"豆"中，既盛放在"豆"中也盛放在"登"中。"豆"和"登"是两种祭

❸ ❹ ❺

器。值得注意的是,此处的"登"引申为祭器的称谓,木制的叫作"豆",瓦制的叫作"登"。

据《吕氏春秋》记载,仲夏之月,也就是农历五月,"农乃登黍",农民要在这个月进献黍子。古时以农为重,进献、供献新的农作物,乃是丰收之后的一种仪式,"登"由此而引申为成熟、丰收之意。比如有"五谷丰登"的成语,各种农作物成熟丰收,是社稷安宁的象征;相反,"五谷不登",各种农作物不丰收,是乱世的象征,孟子评价为"五谷不登,禽兽逼人,兽蹄鸟迹之道交于中国"。

"登"又可引申为升高、登上,再引申出升任、提拔之意,科举考试中选也称作"登",所谓"登科""登龙门"即是指科举中试。

有趣的是,古代民间常常使用"登东"这一俗语,不了解其来历的读者通常会瞠目不知所云。《京本通俗小说》中有一篇《拗相公》,其中写道:"荆公见屋傍有个坑厕,讨一张毛纸,走去登东。"从上下文意可以看出,"登东"就是上厕所。为什么是"上厕所"的意思呢?原来古代的厕所大都建在东角,称作"东圊","圊"(qīng)是清除污秽的意思,因以名厕。此处的"登"是蹲的意思,升高于茅坑之上,因此"登东"又称"登坑"。

❶

❷

❸

## 用土堆成祭坛，坛上立木

国君死社稷 ——《礼记》

社、稷连用指代国家，这大概是人人尽知的常识。虽然这个称谓在今人的口语中已经很少见了，但是报刊上仍然常常出现，比如江山社稷。尤其是天安门西北侧中山公园内的社稷坛，是北京著名的景点，因此"社稷"一词的来历和含义不可不察。

先说社，甲骨文字形❶，像地面上堆了一堆土。"土"其实就是"社"的初文，最初的祭祀还没有专门的建筑物，而是因陋就简，撮土成堆。但是为什么不把土堆中间给填实，那样岂不更像土堆的形状？那是因为要在甲骨上刻字，线条和轮廓更易于操作的缘故。金文字形❷，左边是"示"，凡是"示"字旁大都表示跟祭祀有关；右边下面是"土"，土上立了一根"木"。"土"当作泥土等义项后，人们添加了一个"示"字旁，另造出"社"字。《说文解字》："社，地主也。"地主可不是今天说的地主老财，而是指土地之主，也就是土地神。因此"社"是一个会意字，封土为坛，坛上立木，"各树其土所宜之木"，比如松木、柏木、栗木等，要根据土壤特点决定适宜的树木。小篆字形❸，把土上之木去掉加以简化。

❹

❺

❻

《礼记·祭法》中规定:"王为群姓立社,曰大社;王自为立社,曰王社;诸侯为百姓立社,曰国社;诸侯自为立社,曰侯社;大夫以下,成群立社曰置社。"制定了各个等级祭祀土地神的规章制度以及"社"的名称。后来把祭祀土地之神的场所也称为"社",比如"社坛"。普通乡村也可以立社祭祀土地之神,所以种植和收获季节往往就是农村的"社日",比如春耕前的社日称"春社",立秋后的社日称"秋社",立松木的社日叫"松社"。社日同时也是农村的节日,这一天农民们拿出肉、酒等丰盛的祭品献给土地之神,祈求风调雨顺,年年丰收。祭祀完毕后,人们敲锣打鼓,看戏作乐,社戏、社火等各式各样富有中国民间色彩的活动轮番上演,人人都沉浸在辛苦劳作之后的身心愉悦之中。中国自古以来以农业立国,因此"社"在日常生活中占的比重很大,包括一些日常用语也都与"社"有关,比如"结社""社会""社交",都是这一祭祀活动的反映。

再说稷,金文字形❹,这是一个会意字:左边是"示",表示祭祀;右上是"田"和"儿",即田人,农家的意思;右下是一只脚,表示农夫慢慢向前走着耕作,整个字形会意为耕作后的祭祀。《说文解字》收录的一个古文字形❺,左边的"示"变成了"禾",右边把金文下面的一只脚给简化掉了,变成了一个形声字。小篆字形❻,又把那只脚给加上了。楷体字形下面的字符"夂"仍然表示脚。

《说文解字》:"稷,五谷之长。"有人说"稷"这种作物是粟,有人说是不黏的黍,还有人说就是高粱,说法不一。既是五谷之长,古人就把主管农事的官员称作稷官,又叫稷正;又把"稷"引申为谷神,后来把祭祀谷神的场所也称为"稷",比如"稷坛"。"社"和"稷"一起祭祀,因此社坛和稷坛筑在一起,北京社稷坛就是这样筑成的,"社稷"也因此成为国家的代称。国君每年都会定时前往社稷坛祭祀土地和五谷之神,祈求五谷丰登,天下太平。《礼记》中规定:"国君死社稷。"国君要与社稷共存亡。

《春社醉归图》(局部)

宋代朱锐绘,绢本设色长卷,台北"故宫博物院"藏

朱锐,河北人,生卒年不详,宋代画院待诏。工画人物山水,尤好写骡纲、雪猎、盘车等题材,笔法高简,善于经营构图,布置能曲尽其妙。

春社是中国最古老的节日之一,一般为立春之后的第五个戊日,是日举行土神祭祀,以祈丰收。同时邻里欢宴,敲社鼓,食社饭,饮社酒,观社戏,是民间不可多得的热闹节日。

这幅《春社醉归图》卷描绘了祭祀完毕,村人宴饮后各自还家的横斜醉态,充满生活气息。但见纵横阡陌之上,竹篱茅舍之间,行人络绎,老幼相扶,或背或搀。沿途春色蔼然,草木蒙茸,田畴青绿,欣欣向荣,完全是唐人王驾诗句"桑柘影斜春社散,家家扶得醉人归"的写照。

# 器

## 派狗守着祭祀所用的器具

> 士者，国之重器 ——《汉书》

❶  ❷

器，金文字形 ❶，这是一个会意字，两旁是两张口，中间是一条犬。金文字形 ❷，四周是四张口，中间是一条犬。金文字形 ❸，中间狗的样子更形象。小篆字形 ❹，接近金文，会意为器物很多，因此派狗守着。不过，白川静先生认为这条犬是祭祀时的祭牲，"器"因而会意为祭礼时使用的清洁祭器。

《说文解字》："器，皿也，象器之口，犬所以守之。"这就是"器"的本义：器具。但是左民安先生却认为金文字形乃是犬吠为"器"，因此"器"这个字应该是"猎"字的本字。猎读作 yín，意为狗叫的声音。如此一来，"器"字的本义就应该是犬吠声，只不过后来假借为"器具"的意思。左先生的观点虽然新奇，但是却缺乏有力的支持，因为"猎"的金文字形 ❺，左言右犬，这才是狗叫的声音，跟"器"字字形大相径庭，所以"器"字的本义应该以《说文解字》为准，是各种器具的统称。

"器"在人们的日常生活中非常重要，因此衍生出"神器""宝器""大器"等各种最贵重的器物。神器和宝器是象征国家政权的实物，通常指玉玺、宝鼎之类；

❸　　　　❹　　　　❺

大器是圭璋之类的玉器或者钟鼎之类的青铜器。因为贵重，所以"器"常用来比喻难得的人才，比如《管子·小匡》："管仲者，天下之贤人也，大器也。"还有"大器晚成"这样的成语。

皇帝是天之子，皇权具有至高无上的权威。皇权之下就是官僚阶层，官僚阶层是由一个个具体的个人组成的，这些人在皇权看来，无非是一个个的"器"，为皇权所用，目的在于巩固皇权。皇权"器重"某一个人，就是把他看成了"重器"，当作器物来使用。《汉书》中的这一段话是对"重器"最好的注解："士者，国之重器，得士则重，失士则轻。"可见，皇权对"重器"的"器重"是因为他对国家有用，把他当工具看待，而不是因为他是一个活泼的生命体。有用才会"器重"，无用当然就任其自生自灭或者干脆抛弃了事。绝大多数的平民百姓因此处于等级制的最下层。

"器"这个字造得有很深刻的寓意，派狗守着，当然是很珍贵的"器"，但是同时还有监视的含义在内，生怕"器"太"重"了压倒皇权。一旦"器"太"重"压倒了皇权，那么就要改朝换代，"器"也要重新洗牌，"器重"的对象就变成了对新政权效忠的人了，所以"器重"专用于上级对下级。

今天那些受到领导"器重"的人才应该懂得其中的辩证法：既然被"器重"，自然也有"器轻"的一天，一旦那一天到来，连哭鼻子的工夫都没有了。

为人"器重"者，不可不慎！

# 亨

## 祖先享用祭品的宗庙

祭以清酒，从以骍牡，享于祖考 ——《诗经》

❶

❷

著名语言学家王力先生说："亨、享、烹古同字。"这也是大多数学者们的意见。其实这个字的古文（上古文字）写作"亯"，隶变后才误写作亨、享。我们来看看这个字的演变过程。

亨，甲骨文字形❶，这是一个象形字，徐中舒先生认为"像穴居之形"，下面"为所居之穴"，中间"为穴旁台阶以便出入"，上面"并有覆盖以免雨水下注"。甲骨文字形❷，中间更像台阶。金文字形❸，下面变成了圆口形。金文字形❹下面的圆口形中添加了一短横。小篆字形❺，这就是本字"亯"。小篆字形❻，这是"亯"的异体字，隶变后写作"亨"和"享"。

《说文解字》："亯，献也。从高省，曰象进孰物形。"许慎的意思是说这个字形的上半部是"高"的省写，下面的"曰"像进贡的煮熟的食物之形。许慎并引《孝经·孝治章》"祭则鬼享之"——祭祀的时候鬼神来食——进一步来说明"曰象进孰物形"。但从甲骨文字形来看，下面更像高台，其上有高大的建筑，这是古人祭祖的宗庙的形象写照。说它"像穴居之形"，未免低估了先民造此字时的居住场所。金文字形❹下面的一短横是指事符号，表明先祖或神灵在这里享用祭

❸　　　　　　❹　　　　　　❺　　　　　　❻

品。徐中舒先生说："居室既为止息之处，又为烹制食物飨食之所，引伸之而有飨献之义。"将居室改为祭祖的宗庙，则此说非常贴切。

段玉裁说"享"乃"下进上之词也"，因此《正韵》解释说："享，献也，祭也，歆也。""歆（xīn）"特指祭祀时神鬼享受祭品的香气。《诗经·信南山》是一首周天子冬天的时候祭祀祖先的诗篇，其中吟咏道："祭以清酒，从以骍牡，享于祖考。"清酒是祭祀专用的清洁之酒；骍（xīng）牡是赤色的公牛；"考"指死去的父亲，"祖考"即指祖先；"享于祖考"，就是说用清酒和肥壮的赤色公牛作为祭品，供献给祖先享用。

周天子祭祀祖先的宗庙之祭有"六享"，据《周礼》记载："以肆献祼享先王，以馈食享先王，以祠春享先王，以礿夏享先王，以尝秋享先王，以烝冬享先王。"

"肆"是进献祭牲，"献"是供献醴酒（甜酒），"祼（guàn）"可不是裸体之"裸"，而是以酒灌地请神，以此"享先王"，这是超出四时之祭的大祭；馈食是献熟食，以此"享先王"，这是仅次于大祭的次祭；春祭叫"祠"，春天万物始生，可作供献的祭品少，用圭璧这种玉器和皮币（毛皮和丝织品）代替祭牲，以下进入四时之祭，都属于小祭；夏祭叫"礿（yuè）"，万物尚未成熟，祭品微薄；秋祭叫"尝"，此时农作物丰收，让先王先尝新谷；冬祭叫"烝（zhēng）"，进献各种品物。

这就是所谓"六享"，清末学者孙诒让说："此六者皆言享者，对天言祀，地言祭，故宗庙言享。享，献也，谓献馔具于鬼神也。"

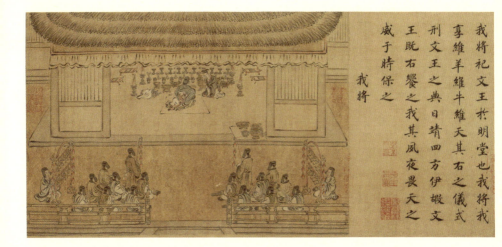

《诗经·周颂·清庙之什图卷·我将》
(传) 南宋马和之绘,赵构书,绢本设色长卷,辽宁省博物馆藏

马和之,生卒年不详,钱塘人,南宋画家,官至工部侍郎。擅画人物、佛像、山水,为御前画院十人之首。自创柳叶描,行笔飘逸,着色轻淡,人称"小吴生"。

宋高宗和宋孝宗曾书《毛诗》三百篇,命马和之每篇画一图,汇成巨帙。其作笔墨沉稳,结构严谨,笔法清润,景致幽深。该系列摹本众多,存世至今约16卷,风格、水平不一,散藏于几大博物馆。此卷取材于《诗经·周颂》,描绘《清庙之什》十篇诗意,右书左图,各幅相间,共十段。

这幅对应的是《我将》一篇:"我将我享,维羊维牛。维天其右之。仪式刑文王之典,日靖四方。伊嘏文王,既右飨之,我其夙夜,畏天之威,于时保之。"

嘏(gǔ),福;飨(xiǎng),祭献;夙(sù),早晨。台湾学者马持盈先生在《诗经今注今译》中的白话译文为:"我以羊与牛奉献上天,祈求上天的保佑。我要以文王之道为典型而效法之,以安定四方。伟大的文王,既然降临而飨祭,我一定要昼夜努力,敬畏上天的威严,以保持上天与文王之所以明命于我者。"

据考证这是周武王出兵伐纣之前于明堂祭天并以周文王配享,祈求保佑的诗。武王率众行祭礼,献上肥美的牛羊为祭品,鼓乐和鸣,质朴庄重。

# 商

## 在祭台上焚烧木柴祭天

天命玄鸟，降而生商，宅殷土芒芒 ——《诗经》

关于商朝的起源，《诗经·玄鸟》吟咏道："天命玄鸟，降而生商，宅殷土芒芒。"传说有娀氏之女简狄吞食了黑色燕子的卵而生契，契是商朝的始祖。不过据《史记·殷本纪》记载："（契）封于商。"则在契之前早已有"商"这个地名存在了，商人之所以称作"商人"，商朝之所以称作"商朝"，不过是因为"契封于商"才如此自称的。那么，"商"这个地方到底是怎么命名的呢？

商，甲骨文字形❶，这是一个会意字，下面是一个支架或祭台，上面堆了一捆木柴，木柴上面的一横代表天，整个字形会意为在祭台上焚烧木柴祭天。甲骨文字形❷，祭台上面木柴中间的一横表示这是捆束起来的木柴。甲骨文字形❸，祭台上面堆了两捆木柴。甲骨文字形❹，祭台上面添加了两颗星星，祭天的同时也祭祀星星。这两颗星星就是二十八宿中的心宿（心宿二），古时称大火星，据《左传·昭公元年》记载，高辛氏二子不和，遂"迁阏伯于商丘，主辰，商人是因，故辰为商星"。可见"商丘"的地名就是由观测和祭祀大火星而来。甲骨文字形❺，下面添加了一个"口"，这是晚期甲骨

❹ ❺ ❻ ❼

文的写法,这个"口"应该是放置卜辞或祷词的器具。金文字形❻,紧承甲骨文字形而来,变得更美观。小篆字形❼,上部变得复杂了起来。

《说文解字》:"商,从外知内也。"这是许慎根据小篆字形所做的附会解释,"商"的本义是焚柴祭天祭星。至于商丘是否即是契所封的那个"商",历来都有争议,不过毫无疑问的是,无论是"商丘"还是"商"的地名,都是祭天或祭星之地。先有这样的地名,后有商人和商朝的称谓。不过还有一种可能,"商人"本来就是负责祭天或祭祀大火星的部族,因此以"商"为名。事实上,商丘也一直是商王朝历代先祖们的故地。

关于"商"字的本义是焚柴祭天祭星,还有一个佐证。《左传·昭公元年》同时记载:"迁实沈于大夏,主参。"迁阏伯的兄弟实沈于大夏(今太原一带),命他主管用参星来定时节的职责。"参"的甲骨文字形是一个侧立的人在祭祀参星,金文字形是一个跪拜的人在祭祀参星。正如实沈部落的职责就是祭祀参星一样,阏伯的商人部落的职责也就是焚柴祭祀大火星。这是一条极为有力的佐证。

古时祭宗庙,有用干鱼祭祀之礼,称作"商祭"。《礼记·曲礼下》:"槀鱼曰商祭。"孔颖达解释说:"槀,干也。商,量也。祭用干鱼,量度燥滋,得中而用之也。"孔颖达的意思是说量度一下祭祀用鱼的干湿程度,取其中,即不干不湿的来使用。这种解释非常可笑,因为明明用的就是干鱼,还再多此一举地来量度什么"燥滋"?其实,"商祭"这个看似古怪的称谓，就是从"商"这个字字形中的那堆木柴而来，用以焚烧的木柴必须非常干燥方才易燃，同理，祭祀所用的干鱼也一定晾晒得非常干燥，这种祭礼因此而称"商祭"。"商"的本义在这种祭礼中得到了遗留。今天已不知"商祭"的具体程序了，不过根据"商"的本义联想，很有可能将干鱼加以焚烧来祭祀。

# 血

## 器皿中供祭祀用的牲血

> 老夫哭爱子，日暮千行血
> ——顾况

❶　　　　❷

顾况有诗："老夫哭爱子，日暮千行血。"这个"血"字是引申义，指悲痛的泪水，因为"血"也是液体，极言伤心，流泪如同流血，故引申而来。"泣血"，泣的当然不可能是血，而是泪水。

血，甲骨文字形❶，这是一个会意字，器皿中的小圆圈代表一滴血。甲骨文字形❷，器皿中的一小点也代表一滴血。战国时期的陶文字形❸，代表血滴的小圆圈和小点变成了很粗的一个点。小篆字形❹，器皿里面的血滴变成了一横。楷体字形变得不像器皿和血滴的样子了。

《说文解字》："血，祭所荐牲血也。""荐"，进献；"牲"，本指祭祀时用的全牛，后泛指祭祀时用的家畜。由此可知，器皿中的血不是人血，而是供祭祀用的牲血，段玉裁说："人血不可入于皿。"古人茹毛饮血，用血祭神，因此造出了这个"血"字，引申而用之于人血。

杀牲取血以祭神，古称"血祭"；受享祭品称"血食"。《周礼》中规定："以血祭祭社稷、五祀、五岳。""社稷"和"五岳"容易理解，"五祀"指金、木、水、火、土五行之官，即木正句芒、火正祝融、金正蓐收、水正玄冥、土正后土这五神。之所以血祭，是因为血气旺盛的缘故。新制的器物也要血祭，这就叫"衅"，杜预说："以

豭猪血衅钟。""豭（jiā）猪"就是公猪，用公猪的血来祭祀新制成的钟。

孟子和齐宣王有一段对话，详细讲解了"衅钟"的重要性以及所用的牲畜。

有一次齐宣王坐在堂上，有人牵牛经过堂下，齐宣王问："把牛牵到哪里去？"那人回答说："将以衅钟。"要用它的血祭钟。齐宣王说："放了它！我不忍心看到它害怕发抖的样子。"那人回答说："那么不祭钟了吗？"齐宣王说："怎么能不祭钟呢？换一只羊吧。"

对齐宣王将牛换成"替罪羊"的举动，孟子评价道："这正是出于您的仁心，虽然您当时只看到了发抖的牛而没有看到发抖的羊。君子对待禽兽，看见它们活着，就不忍心它们死去；听到它们的哀叫，便不忍心吃它们的肉。因此君子远庖厨也。"

古诗文中有个典故叫"嵇侍中血"，指忠臣之血。嵇绍乃嵇康之子，任侍中，故称嵇侍中。晋惠帝蒙难时，百官和侍卫纷纷溃散，只有嵇绍一人留下，抵挡叛军，被杀于晋惠帝身边，血溅御服。战乱平定之后，左右想洗干净这件御服，晋惠帝不让洗，说："此嵇侍中血，勿去。"后相沿而为典故。文天祥《正气歌》吟咏道："为严将军头，为嵇侍中血。为张睢阳齿，为颜常山舌。"蜀中名将严颜、嵇绍、唐代睢阳守张巡和镇守常山的颜杲卿都是古代忠臣的典范，文天祥将此四人并列，来表达自己不屈的气节。

由"血"的本义，又可引申为动词，用鲜血沾染的意思，比如"兵不血刃"这个成语。《山海经》中还有"可以血玉"的说法，此处的"血"也是动词，沾染的意思，染玉以增加光彩。

《风流锦绘伊势物语 石上血书》(風流錦絵伊勢物語「を」およびの血して書く)

胜川春章绘,约 1770—1773 年

    胜川春章(1726—1792)是活跃于江户时代中期的浮世绘师,留下了精确把握人物特点的逼真"役者绘",开日本传统肖像艺术"似颜绘"之先河,晚年涉猎"肉笔美人画"(亲笔绘制的浮世绘),以细腻典雅著称。

    《风流锦绘伊势物语》系列共 48 幅,描绘日本第一部和歌物语《伊势物语》的故事,最初是以两卷本画册形式出版的。这是第 12 幅,对应的是《伊势物语》第 24 段"梓弓"。

    "梓弓"讲述的是一个爱情悲剧。从前有个男子,辞别妻子入宫供职,一去三年,杳无音信。妻子饱受孤单相思之苦,后来渐渐被追求者打动,然而就在她准备琵琶别抱的当晚,男子忽然归来,见此情景即黯然离开。女子满怀悲恸,追之而不及,跌倒在溪边。她咬破手指,以血书石:"不解余心素,离家岁月迁。留君君不住,我欲死君前。"写毕,女子就在那里徒然地死去了。画面上女子伤心欲绝的样子令人恻然。

# 祥

## 放在祭台上用来祭祀的羊

察见渊鱼者不祥，智料隐匿者有殃 ——《列子》

❶

"祥"这个字今天统统当作吉祥、祥瑞、安详的意思，但是在古代却大有不同。

祥，金文字形 ❶，这是一个会意兼形声的字，像放在祭台上的一只羊头，会意为用羊作祭品来祭祀。金文字形 ❷，祭台移到了左边。小篆字形 ❸，变成了一个"从示羊声"的形声字。

《说文解字》："祥，福也，从示羊声。一云善。"羊是和善驯良的家畜，也是用于祭祀的家畜。和善驯良容易招致福祥，因此用羊来表意兼表声。

古时候"祥"字的用法跟今天有所区别，那就是不管是吉兆还是凶兆都称作"祥"。比如"无道曰祥"，这是凶兆；"吉事有祥"，这是吉兆。据《史记·殷本纪》记载，殷帝太戊时，亳这个地方有"祥桑谷"共生，就是桑树和谷子竟然长在了一起！太戊非常恐惧，问大臣伊陟是怎么回事，伊陟回答道："我听说妖孽胜不过德行，可能是君王您的施政措施有缺失，请您修德。"太戊听从了伊陟的劝谏，"祥桑枯死而去"。这里的"祥"就是妖怪的意思，祥桑就是妖桑，祥谷就是妖谷。

《庄子》中也有"祥"表示凶兆的用法："步仞之丘陵，巨兽无所隐其躯，而孽狐为之祥。"意思是：低矮的山丘，巨兽无法隐藏身躯，可是妖狐却能栖身为怪。《列子·说符》中记录了周代的一则谚语，叫"察见渊鱼者不祥，智料隐匿者有殃"，意思是察见深渊里的鱼，这是不祥之兆；料知隐匿的人就会有灾殃。比喻太过明察秋毫，知道了别人的隐私，此之谓不祥。

记载周代各种礼仪的《仪礼》一书中有大祥、小祥的规定，这是父母丧后的祭礼。小祥是葬完父母之后一周年的服丧期中一次较大的祭礼，祭祀之后可以稍微改善一下生活，并解除丧服的一部分。《礼记·间传》中规定："父母之丧，既虞卒哭，疏食水饮，不食菜果；期而小祥，食菜果；又期而大祥，有醯酱。"小祥的祭礼之后，可以吃菜果，也可以住在没有涂饰的房子里，睡觉时可以铺普通的席子。大祥是葬完父母之后两周年的服丧期中又一次较大的祭礼，大祥的祭礼之后，可以像父母去世之前那样正常睡觉，也可以饮酒吃肉。"醯（hǎi）酱"就是肉酱。

据《礼记·檀弓上》记载：孔子的学生颜渊去世之后，颜渊的家人在丧期满十三个月时举行小祥的祭礼，给孔子送去了祭礼所用的肉，这种肉称作祥肉。因为颜渊只是孔子的学生，所以"孔子出受之，入，弹琴而后食之"。弹琴是为了发散对颜渊的哀思。

汉武帝驾崩后留下遗诏，要求减免服丧的期限，因此汉魏以后的皇室之丧就以日易月，一天代表一个月，如此一来，人死后十二天就举行小祥祭，二十四或二十五天就举行大祥祭。这样的制度一直延续到清代。

《孔子画传》（Abrégé Historique des principaux traits de la vie de Confucius, Célèbre philosophe Chinois）插图 "麟吐玉书"
（法）钱德明（Jean Joseph Marie Amiot）著，赫尔曼（Isidore-Stanislas Helman）绘，1782—1792年

钱德明（1718—1793），生于法国土伦，1737年进入耶稣会修道院，1750年入华传教，去世于北京。他能用中文、法文以及满文、蒙古文等文字著书立说，多才多艺。

《孔子画传》内含24幅版画，一图配一文，介绍孔子生平事迹。插图出自法国著名铜版画师赫尔曼（1743—1806）之手，细腻绵远，光影深邃，与中国各版本《孔子圣迹图》相比，别具风貌。

这幅图描绘的是孔子诞生之前，天降祥瑞，麒麟吐玉书的典故。据载，孔子未生之时，有麟吐玉书（天书）于阙里孔子之家，文曰："水精之子，继衰周而素王。"同时二龙绕室，五星降庭，香露洒于空中，钧天之乐奏于云上。孔子之母颜氏知为神异，乃以绣绂系麟角，次日麒麟去，孔子生。

这是后人附会的祥瑞故事。麒麟为古之仁兽，相传只在太平盛世或有圣人时才会出现。孔子去世前亦有麒麟出现，《春秋公羊传·哀公十四年》载 "西狩获麟"，孔子为此落泪："吾道穷矣。" 非其时而现身，虽为瑞兽，亦非祥兆。

# 且

## 盛放祭肉的几案

狂童之狂也且 ——《诗经》

❶

直到今天,还有很多字典和网络文章将"且"这个汉字释义为雄性生殖器的象形。举例而言,比如谷衍奎先生在《汉字源流字典》中的释义:"甲骨文像雄性生殖器形,是初民生殖崇拜的体现。人类靠生殖繁衍,故或另加示,表示祭祀祖先。"

产生这种误解的原因,大致有三点:第一,对"且"的甲骨文字形想当然地望文生义;第二,未能考察古人祭祀祖先的程序;第三,没有把"且"系列的汉字综合在一起考量。

且,甲骨文字形 ❶,上述释义错误的第一个原因就是想当然地把这个字形看成了男性生殖器的象形,但这个字形其实是盛放祭肉的几案的象形。

徐中舒先生在《甲骨文字典》中综合多位学者的意见,认为盛放祭肉的几案由断木制成,"且"外面的轮廓像断木的侧视图,里面的一横或两横是增绘出的横断的断面,断面本应为椭圆形,但因为甲骨文是用刀具等锐利工具契刻在甲骨上面,无法契刻出椭圆形,只能契刻成一横或两横的形状。张舜徽先生在《说文解字约注》一书中则认为:"中有二横,犹今阁物之几,中有格板

❷ ❸

耳。其数或一或二，本无定式。"

其实，"且"里面的一横或两横，只是几案上用来隔开食物的隔板，起初并没有一格或二格的具体数量规定。

且，金文字形❷，小篆字形❸，这个几案的样式更显美观，哪里像男性生殖器的样子了？

《说文解字》："且，荐也。从几，足有二横，一，其下地也。"许慎的意思是说：最下面的一横表示几案可以放在地上；两足之间有二横，起支撑作用；所谓"荐"，是指荐物于上，把物品放置在几案之上。

张舜徽先生在《说文解字约注》一书中继续写道："金文中俎字皆作且，亦用且为祖字。俎之所在，即所以祀祖也，义相成。""且"这个几案上盛放了两块肉，就是"俎"，乃是礼器，为祭祀所用，故称"礼俎"。古人祭祀必杀牲，此即"俎"字左边两块祭肉的由来。这就是上述释义错误的第二个原因：未能考察古人祭祀祖先的程序。

上述释义错误的第三个原因，是没有把"且""宜""祖""俎"这一系列的汉字综合在一起考量。假设"且"是男性生殖器这一释义可以成立，固然可以解释"祖"和"宜"的造字思维，比如说人类靠生殖繁衍，因此加上一个表示祭祀的"示"组成"祖"字，表示祭祀男性祖先；比如说将男性生殖器形状的祖先牌位或木主放置于房屋之中，有了安放之处，因此表示合宜、适宜之意。但这一释义却无法解释"俎"的造字思维，男性生殖器里面或上面放置两块肉干什么呢？有人认为这是表示将祭肉放置在代表祖先的男性生殖器之前，用来祭祀，但"俎"的字形中，两块肉都放置在"且"的里面或上面，从没有放置在"且"的前面。况且，完全无法想象祭祀祖先或神灵的时候，在祭台上放一根男性生殖器，简直是亵渎祖先和神灵！

因此，"且"和"俎"指祭祀时的几案，正如徐中舒先生在《甲骨文字典》中的总结："俎由切肉之器逐渐演变为祭神时载肉之礼器。"那么"祖"和"宜"也就很容易解释了：将祭牲的肉盛放在专用的几案上祭祀祖先，就是"祖"，引申指祖先；在房屋或者祖庙之内祭祀祖先，就是"宜"，表示合宜、适宜之意。

如果认同以郭沫若等为代表的学者释"且"为男根，那么对《诗经·国风·褰裳》中的名句"狂童之狂也且"就无法给出符合语境的释义。实际上，在这句诗中，"且"是作语气助词（或语辞）的。

被借用为虚词之后，"且"的本义就只存在于"宜""祖""俎"这些汉字之中了。

# 俎

## 两块牲肉放在几案上或祭器里

人方为刀俎，我为鱼肉 ——《史记》

❶

❷

鸿门宴上，刘邦起身去上厕所，招樊哙出去，刘邦想逃跑，又担心没有当面向项羽辞别，不合礼节，樊哙说："如今人方为刀俎，我为鱼肉，何辞为！""俎"在古代是使用率极高的字，跟祭祀有关。

俎，甲骨文字形❶，这是一个象形字，外面是祭祀所用的礼器，里面装了两块供祭祀用的牲肉，此牲肉为牛羊肉。甲骨文字形❷，里面更像肉块的形状。金文字形❸，祭器左边还有两只把手。金文字形❹，把手的形状更形象。小篆字形❺，两块肉移到了祭器的外面。

《说文解字》："俎，从半肉在且上。"按照许慎的解释，"俎"变成了一个会意字，两片肉在祭器"且"上，会意为祭祀和宴饮的器具，这是"俎"的本义。《诗经》中有"为俎孔硕"的诗句，"孔硕"是硕大的意思，盛肉的祭器硕大无比。《左传》中亦有"鸟兽之肉不登于俎"的记载。按照礼仪，祭祀必须使用专供祭祀的牲肉，鸟兽的肉是不能盛在祭器中的。古籍中还经常可以看到"俎豆"一词。"豆"也是祭器，不过是高脚的器具，"俎豆"是两种祭器，合在一起泛指各种礼器。"俎"从盛肉的祭器又引申为割肉的砧板。古时候的砧板两端有足，倒是符合器具的形状，因此"刀俎"一词即指切

❸ ❹ ❺

肉的刀和砧板，是宰割的工具。

《庄子》中说："庖人虽不治庖，尸祝不越樽俎而代之矣。"尸祝是祭祀时的主持人，樽是盛酒的酒器。这句话的意思是：即使厨师偷懒不下厨，祭祀的主持人也不能越过樽俎去代替他下厨。由此产生了一个成语——越俎代庖，比喻越权办事或包办代替。

据《晏子春秋》记载，春秋后期，晋平公准备伐齐，先派范昭出使齐国以探虚实。齐景公摆下酒宴，酒过三巡，范昭借着酒劲儿要求用齐景公的"樽"饮一杯酒。齐景公不便驳他的面子，就答应了。范昭用齐景公的酒樽饮过之后，齐国国相晏子立刻命人更换了齐景公的酒樽。事后，晏子对齐景公说："以范昭的平素为人，并非粗鲁不懂礼节，他故意装醉并用您的酒樽饮酒，不过是想试探一下我们君臣而已。"果然，范昭回去后向晋平公汇报此行的收获，说："现在征伐齐国还不是时机，齐国君臣和睦，又守礼节，还是等一等吧。"

孔子听说了这起外交风波，评论道："夫不出于樽俎之间，而知千里之外，其晏子之谓也，可谓折冲矣！"孔子是在赞叹晏子，说他在樽俎之间、酒宴之上就能够判断千里之外敌人的预谋。折，挫折，屈服；冲，冲车，古代的一种战车，用以冲城攻坚。"折冲"意为挫退敌方的战车，使敌人的冲车屈服。此后，"折冲樽俎"就演变成一个固定的成语，指不用武力而在酒宴谈判中制敌取胜，所谓"不战而屈人之兵也"。

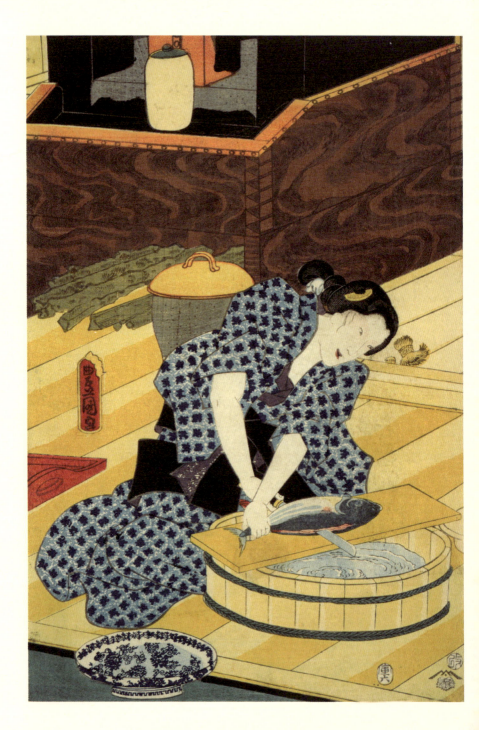

《十二月之内 卯月 初时鸟》(十二月の内　卯月 初时鳥)三联画之中

三代歌川丰国绘,1854 年

歌川派是江户时代浮世绘各派中最大派系,歌川丰春为其始祖,门下名画师辈出。三代歌川丰国即歌川国贞(1786—1865),是浮世绘艺术发展末期最受欢迎的绘师之一。他出身名门,以艳丽的美人画、生动的歌舞伎演员画著称。凡·高收藏的浮世绘中来自歌川国贞的作品多达 159 幅。

《十二月之内》是一套三联画系列锦绘,共 12 幅,分别描绘了江户时代一年 12 个月的民俗风情。卯月是阴历四月,为初夏时节,杜鹃(时鸟)飞鸣,此时是令江户人疯狂追逐的"初鲣"上市之时。"初鲣"即当年最早上市的鲣(jiān)鱼,丰腴肥嫩,最适合做生鱼片。

画面上一个厨娘正在处理一条鲣鱼。她动作娴熟,神情专注,一手抓鱼尾,一手持刀横剖,鱼肥,手快,刀利。旁边放着碗碟、食案,画外有食客立等尝鲜。当时传说吃一口初鲣能延长 75 日寿命,价格极其昂贵,但江户人对"初鲣"爱到"宁愿典当老婆也非吃不可"的程度呢。

# 进

## 将捕获的鸟儿作为祭牲，进献给祖先

> 君子三揖而进，一辞而退，以远乱也 ——《礼记》

❶

❷

"进"就是前进，繁体字为"進"，走之旁里面有一个"隹"。"隹"读作 zhuī，许慎解释说"鸟之短尾总名也"，但其实长尾鸟也有从"隹"的，比如"雉"。那么，"进"这个字为什么跟鸟儿有关呢？

进，甲骨文字形❶，这是一个会意字，下面是一只脚，上面是一只鸟。大多数学者都认为这个字形会意为人追逐鸟雀。甲骨文字形❷，大同小异。金文字形❸，左边又添加了一个"彳"，表示行走。小篆字形❹，紧承金文字形而来。

《说文解字》："进，登也。""登"是升高之意，鸟儿高高在上，人去追逐鸟儿，如何能够登高抓到它呢？因此"进"会意为人追逐鸟雀殊不可解。白川静先生认为："用来进行鸟占以决定军队的进退。决定可以前行，谓'进'，即前进、推进。"据此则此"隹"乃是进行占卜的鸟儿。

不过我认为许慎将"进"释义为"登"，一定有其道理。什么叫"登"？"登"的本义不是升高，而是用双手捧持着盛满东西的"豆"（盛食器），登上宗庙的台阶，供献给祖先。在"登"的甲骨文字形中，上面是两只脚，"进"下面则是一只脚，因此"进"的本义应该是将捕

获的鸟儿作为祭牲,进献给祖先。甲骨卜辞中有"进寮于祖乙"的记载,"寮"通"燎",高诱注《吕氏春秋》:"燎者,积聚柴薪,置璧与牲于上而燎之,升其烟气。"那么"进"就是将鸟儿作为祭牲,然后同璧一起焚烧祭祀。

"进"由此引申为进献,再引申为前进。《礼记·表记》篇中记载了孔子的一段话:"子曰:事君难进而易退,则位有序,易进而难退则乱也。故君子三揖而进,一辞而退,以远乱也。"在国君面前,君子要慢慢前进,"三揖而进";但是退的时候要迅速,"一辞而退",一言即退。

《仪礼·乡饮酒礼》记录了宾主相见三揖三让之礼:"主人与宾三揖,至于阶,三让。主人升,宾升。"郑玄解释说:"三揖者,将进揖,当陈揖,当碑揖。"宾客将要上前的时候一揖,此为将进揖;"陈",堂途也,指台阶前面的砖路,宾客走上这条砖路的时候二揖,此为当陈揖;"碑",古时宫室之外皆有竖石,一为识日影,二为拴祭牲,走过砖路就到了碑前,这时的三揖就是当碑揖。三揖之后,宾客就到了台阶下,这时宾客要三次辞让,然后主人登上台阶,宾客再跟着登上台阶。孔子所谓"君子三揖而进",即是由此礼而来。

隋唐科举设进士科,录取后即为"进士"。其实周代或之前即有这一古老的称谓。《礼记·王制》:"大乐正论造士之秀者以告于王,而升诸司马,曰进士。"乐正乃乐官之长;造士指诗、书、礼、乐四术之学业有成就者;乐正将优秀的造士告知于天子,再推荐给掌管邦政的司马,然后就可以进入仕途了。郑玄解释说:"进士,可进受爵禄也。"

# 献

## 把狗放在鬲中煮熟用来献祭

八音斯奏，三献毕陈
——魏徵

❶

❷

"献"是个非常有趣的汉字，它的本义和引申义都跟古时候的祭祀制度不可分割。

献，甲骨文字形❶，这是一个会意字，右边是一只犬，左边是一只鬲，鬲是鼎的一种，用于烧煮或烹炒的炊具。金文字形❷，左边鬲的形状有所变化。金文字形❸，左边又像鬲又像鼎的样子。金文字形❹，左边的鬲上铸有虎形斑纹作装饰，也有学者说是声符。小篆字形❺，直接从金文字形而来。楷书繁体字形❻，同于小篆。简化后的简体字，左边鬲的形状完全失去了。

《说文解字》："献，宗庙犬名羹献，犬肥者以献之。"徐中舒先生认为金文的虎头形是指在鬲中煮虎作牺牲。犬是古人最早驯化的六畜（马、牛、羊、豕、犬、鸡）之一，用于祭祀宗庙的犬叫"羹献"，所谓"羹献"，是指用人吃剩的残羹养狗，养肥后可以献祭于鬼神。因此"献"会意为献祭。白川静先生有不同的意见，他认为祭祀时向神供献的祭器，要事先用犬牲之血清祓，清除污秽方才可以祭献。这种清祓过的鬲形祭器就叫作"献"，引申而为动词，献祭、进献、奉上的意思。有了这些引申义之后，"献"就不专指献犬了，献禽、献羔、献酒，都可以使用"献"字。

# 獻 獻 獻 獻
❸　　❹　　❺　　❻

　　古代举行祭祀的时候还要献酒，献酒三次，称作"三献"。初献爵，亚献爵，终献爵，是为"三献"。魏徵有诗"八音斯奏，三献毕陈"，奏乐的同时还要"三献"。祭祀宗庙的礼仪非常复杂，从一献、二献，直到九献的规定，包括穿的衣服、戴的礼帽、供的祭酒，都有严格的等级规定。

　　古诗文中经常出现"三献玉"的说法，贾岛有诗："眼中两行泪，曾吊三献玉。"这个典故出自著名的和氏璧。楚国人和氏得到一块宝石，先献给厉王，玉人鉴定为石头，厉王砍掉了和氏的左足；厉王死后，又献给武王，武王砍掉了和氏的右足；武王死后，和氏抱着这块宝石哭了三天三夜，泪血俱下，文王的玉人剖开宝石，这才发现真是美玉。后人于是用"三献玉"作为怀才难遇知音之典。

　　除了献玉之外，还有献曝、献芹的典故。列子讲过这样一个故事：宋国有位贫穷的田夫，过冬的时候仅能穿得起破烂的粗麻布衣服。春天到来，田夫暖洋洋地晒着太阳，觉得天下的享受莫过于此，突发奇想，对妻子说："负日之暄，人莫知者；以献吾君，将有重赏。"他竟然天真到以为别人都不知道晒太阳的享受，想把这个秘诀献给国君求赏！乡里的富人对他说："过去有个喜欢吃胡豆、麻秆和芹菜梗的人，推荐给富人，富人一吃之下，却难以下咽。你就是这样的人。"后人于是用"献曝""献芹"谦称自己的礼物微薄或者建议浅陋。嵇康在著名的《与山巨源绝交书》中写道："野人有快炙背而美芹子者，欲献之至尊，虽有区区之意，亦已疏矣。"就是讲的这个故事。

# 荐

## 把吃草的野牛作为祭牲

民食荐，麋鹿食荐 ——《庄子》

❶　　　　❷

"荐"这个字，今天只当作推荐讲，但是古时却完全不一样。王力先生在《王力古汉语字典》中有过详细的辨析："'薦'今简化为'荐'，在上古'荐'与'薦'是两个不同的字，读音也有异。'荐'字用在'草席、草垫'和'一再、频频'的意义上，与'薦'相同……但'薦'字的'推举'和'进献'意义在汉以前的典籍里不作'荐'。唐宋以后逐渐混用。"

也就是说，"荐"的本义是供人坐的草席，而"薦"的义项则要复杂得多。

薦，金文字形 ❶，周边是四棵草，中间很明显是一头动物的象形，这是一头什么动物呢？看起来很像鹿，不过古代中国有一种传说中的神兽，似牛，似羊，又似麟，名为獬豸或獬廌（xiè zhì），见人争斗时，会用角去触理屈的一方。白川静先生在《常用字解》一书中就是这样解释的："'艸'（草）与'廌'组合之形。'廌'指被称为'解廌'的似羊的神兽，神判时使用。"所谓"神判"，"指根据神意而作出的判决，而不是根据法官之类的人物作出的宣判"。

张舜徽先生则在《说文解字约注》一书中说："廌

之为物,殆前似羊,后似牛……野牛,谓水牛也。此兽在古代即已稀罕,故人皆号为神兽。"

薦,金文字形❷,这个字形中的兽形比上一个要清晰明确很多,显然是两角,徐中舒先生在《甲骨文字典》中认为"像头部有二弯角之牛形……此殆上古野牛之特征"。据此则"薦"的本义就是吃草的野牛。《左传·襄公四年》中有"戎狄荐居"的描述,所谓"荐居",即赶着牛群羊群逐水草而居,正是游牧生活的如实写照。《庄子·齐物论》中也有"民食刍豢,麋鹿食荐"之句,"刍豢"指吃草和谷物的牛羊猪狗等牲畜,为民所食,麋鹿之类则逐水草而食。

薦,小篆字形❹,《说文解字》:"薦,兽之所食草。从廌从草。古者神人以遗黄帝,帝曰:'何食?何处?'曰:'食薦;夏处水泽,冬处松柏。'"如上所述,"薦"本为上古逐水草而居的游牧生活的写照,引申指牲畜所食之草。

有趣的是,"薦"还有一个异体字,金文字形❸,上面仍是似野牛的动物,下面则是祭器"皿",表示用野牛之类的牲畜来祭祀。白川静先生则认为"'薦'义示将牺牲解廌放在铺好的草上,向神供献"。"薦"由此引申而指祭祀的供品。

据《周礼》载,周代有"笾人"一职,"凡祭祀,共其笾荐羞之实"。"笾(biān)"是竹制的盛食器,里面盛的就是祭祀所用的"荐羞"。郑玄注解说:

"未食未饮曰荐,既食既饮曰羞。""荐"是未经烹调因而尚未饮、食的祭品,"羞"则是烹调已毕并且已经饮、食的祭品。

"荐"由祭品又引申为供奉、进献、推举、荐举之意,也就是今天最常使用的义项。

《胡笳十八拍　文姬归汉图》(局部)

宋代佚名绘，明人摹本，绢本设色长卷，美国大都会艺术博物馆藏

"文姬归汉"这一题材风行于南宋，大约因经历了靖康之难，画家借古喻今。文姬即东汉蔡琰（文学家蔡邕之女），因战乱被匈奴人掳走，十二年后才被曹操用重金赎回。

此明人摹宋本《胡笳十八拍 文姬归汉图》卷按唐代刘商所作《胡笳十八拍》诗，一拍一图，以连环绘画形式描绘了文姬陷胡的坎坷经历。图以勾线为主，辅以墨染，设色淡雅，墨色相互掩映，画面古朴蕴藉。

"十八拍"原是古乐府琴曲的名称，所谓"拍"，实为章、段之意。这一段描绘的是"第五拍"："水头宿兮草头坐，风吹汉地衣裳破。羊脂沐发长不梳，羔子皮裘领仍左。狐襟貉袖腥复膻，昼披行兮夜披卧。毡帐时移无定居，日月长兮不可过。"蔡文姬被掳后长途跋涉，远离中原，深入胡地，跟随胡人逐水草，居毡帐，衣羔裘，食腥膻，过着与汉地迥异的生活。配图细腻描绘了逐水草而居、席地坐卧的游牧生活场景。

# 造

## 把祭品装进『舟』这种承盘里去祭祀

造舟为梁，不显其光
——《诗经》

❶ ❷

"造"这个字今天常用的义项是制造、创造、造访，但是这个字刚造出来的时候，却完全不是这个意思。

造，金文字形❶，这是一个极其复杂的会意字，左边是"舟"，右边是"告"。先说左边的"舟"。"舟"的本义当然是船，引申为托盘，专用于尊、彝这类祭器的底盘，郑玄说："舟，尊下台，若今时承盘。"再说右边的"告"。《说文解字》："告，牛触人，角着横木，所以告人也。"许慎的解释完全是望文生义的想当然，实际上，"告"的字形是用牛作祭祀，将祈愿告诉神灵。再来看"造"的字形：在"舟"这种承盘里装上祭品，供奉于神灵之前，进行祭祀，并将祈愿告知神灵。

造，金文字形❷，上面添加了屋顶，意思是在祖庙里举行祭祀的仪式。金文字形❸，下面又添加了表示行走的脚，意思是前往祖庙去举行祭祀的仪式。金文字形❹，左边的小黑点代表装在"舟"这种承盘里的祭品。金文字形❺，左上的"舟"加以变形，为小篆字形做好了准备。小篆字形❻，紧承金文字形而来，"舟"的形状看不出来了。楷体字形左边的舟和脚简化为"之"字旁。

《说文解字》："造，就也。"其实这是引申义，

## 㬨 䤿 䢍 誥
❸ ❹ ❺ ❻

原字写作"艁",会意为在"舟"里装上祭品,前往祖庙祭祀。这才是本义。因为前往祖庙有"到达"之意,因此引申为达至、造就、完成等义项。古代有向鬼神祈祷以期消除灾异的六种祭祀,称作"六祈",分别为:"类",祭天;"造",祭祖;"禬"(guì),除灾害之祭;"禜"(yíng),祭日月星辰之神,除水旱疫疠之灾;"攻",鸣鼓而攻;"说",以辞责之。此之谓"六祈"。其中的"造"作为祭礼之一,就是"造"这个字的本义。《礼记·王制》中屡有天子、诸侯"造乎祢"的规定,"祢"(mí)是奉祀亡父的宗庙,前往父庙祭祀,不正是"造"这个字字形的形象写照吗?

《诗经·大明》是周代贵族歌颂祖先的诗篇,其中吟咏周文王娶太姒,亲自到渭水旁迎亲,"造舟为梁,不显其光"。"造舟"之"造",使用的也是引申义,由前往祖庙引申为靠近、比并。"造舟为梁",指将若干艘船靠近、比并在一起,造成一座浮桥;"不"通"丕","不显其光",形容婚礼大大地显露荣光。因此后世就把"造舟"作为天子之礼,也特指帝王迎婚。

《尔雅·释水》:"天子造舟,诸侯维舟,大夫方舟,士特舟,庶人乘泭。""维舟","维连四船",将四艘船连在一起成桥,这是诸侯之礼;"方舟","两舟相并",这是大夫之礼;"特舟",一只舟,这是士之礼;"泭"(fú),"编竹木曰泭",就是小筏子,这是普通百姓之礼。等级制社会的尊卑观念,即使在乘船上也体现得淋漓尽致。

# 福

## 恭敬地捧着酒器供献于祭台上

> 君子至止，福禄如茨 ——《诗经》

❶

❷

甲骨卜辞中，"福"字出现的频率非常高，可见古人对"福"的渴望乃至热烈的追求。古人心目中最初、最原始的"福"到底是指什么，在这个汉字中得到了极为具体的解答。

福，甲骨文字形❶，左边是"示"，最简易的祭台；右边是一尊酒器，下部为器腹，上部为倒酒的出口，称"流"；两个小点即为酒液的示意。整个字形，徐中舒先生在《甲骨文字典》中解释说：像以酒器"灌酒于神前之形。古人以酒象征生活之丰富完备，故灌酒于神为报神之福或求福之祭"。甲骨卜辞中有"福一牛"的记载，正是求福之祭的真实写照。

甲骨文字形❷，在酒器的下方添加了两只手，表示用双手恭敬地捧着酒器。金文字形❸，小篆字形❹，右边是酒器的讹变，写成了"畐"，同时也成为声符，至此，"福"由象形字变成了形声字。今天所使用的字形与之一模一样。

《说文解字》："福，祐也。"张舜徽先生在《说文解字约注》一书中进一步解释说："像两手奉尊于示前，其本义当为侑酒。侑酒以诚，自能致福……古代迷

福　　福

❸　　❹

信鬼神，恒祀神以求祐助，故许君即以祐训福。"

金文中还有给"福"加上一个宝盖头"宀"的字例，白川静先生在《常用字解》一书中解释说："义示在祭典祖先的祖庙（'宀'）中供献酒尊，祭祀祖先，祈愿幸福。可见，幸福被认为是一种被赐予的东西。祭肉、供品等亦可称'福'，将其分给同族人士，谓'致福'。将献给神的供品分给众人，等于让大家都领受到神赐的福禄。"古代祭祀之后，要把供献给神灵和祖先的祭品分给众人吃掉，这就是白川静所说的"致福"之举。

今天的日常俗语中还有"五福临门"之说，这"五福"的来历可谓极其久远。"五福"之说出自《尚书·洪范》："五福：一曰寿，二曰富，三曰康宁，四曰攸好德，五曰考终命。""寿"当然指高寿；"富"当然指家财丰足；"康宁"指身体安康，没有疾病；"攸好德"指修习美好的德行；"考终命"的"考"是老的意思，"考终命"即尽享天年，寿终正寝。

"五福"中有两福都跟寿命有关，这也是远古人类的原始冲动。古人把人的寿命分成上寿、中寿、下寿三种，三种寿命的年龄说法不一，《庄子·盗跖》篇中说："人上寿百岁，中寿八十，下寿六十。"孔颖达说："上寿百年以上，中寿九十以上，下寿八十以上。"高寿既是古人的追求，也是最大的福气，所以按照古代的礼节，活到八十岁以上寿终正寝的，送礼不用白布，而是用红色的挽联和红色的帐子，称为喜丧，丧事当作喜事办。

桓谭在《新论·辨惑》篇中更改了"五福"的定义："五福：寿，富，贵，安乐，子孙众多。"可以视作汉代人心目中的"五福"理想。与《尚书》相比，增加了"贵"和"子孙众多"这两种福。二者的区别在于：在秦汉大一统的集权制度出现之前，人们并不以做官为福，"大福大贵"的叫法是后来的事，"福寿双全"才是上古时期中国人的追求。

与汉代"五福"之一的"贵"密切相关的就是"禄"。《诗经》时代，福、禄每不加分别，福就是禄，禄就是福。直到《小雅·瞻彼洛矣》这一篇方始有别。这首诗咏道："瞻彼洛矣，维水泱泱。君子至止，福禄如茨。"这几句诗，马持盈先生的白话译文为："看那洛水是多么的深广啊，君子到了，他的福禄，像屋顶那样的高。"

郑玄注解说："爵命为福，赏赐为禄。"这一注解反映的当然是汉代人关于福、禄的定义，即出自天子的爵命和赏赐就是福、禄，与"贵"紧密相连，已经无复《尚书》时代的古朴了。自此之后，"禄"专指禄位、俸禄；而"福"则仅指抽象的福气、福分。

总之，"五福临门"浓缩了古代中国人的终极理想，现代人仍然兢兢业业地遵循，只不过"子孙众多"的冲动弱化了下来。

《绘御笔范成大〈分岁词〉》(局部)
清代董邦达绘·台北『故宫博物院』藏

　　董邦达（1699—1769），浙江富阳人，清代画家。字孚存、非闻，号东山，官至礼部尚书。善书，能画。山水取法元人，擅枯笔，勾勒皴擦，颇具逸致。乾隆皇帝对其画作非常欣赏，在许多画上题诗题字，钤盖御印。

　　此画描绘的是宋代范成大《腊月村田乐府》其八《分岁词》："礼成废彻夜未艾，饮福之馀即分岁。"旧俗，一年最后一天为"除日"，最后一夜为"除夕"。除夕，凡士庶人家，均合家围炉夜坐，达旦不眠，谓之"守岁"。除夕夜间要祭祀祖先，祭毕，众人共饮供神的酒，由幼至长，祝颂而散，谓之"分岁"。画面上是一户普通农家，茅屋内，筵席丰盛，长者正将酒分与晚辈，大家同领祖先所赐之"福"。屋外孩童放鞭炮玩乐，一派祥和欢乐景象。

# 彝

❶ ❷

## 双手捧着鸟或鸡进献给神灵和祖先

> 民之秉彝，好是懿德
> ——《诗经》

今天最常使用的"彝"这个字的义项是彝族，除此之外再也没有别的义项了。其实彝族称谓中的"彝"只是音译，借用了这个字来代表而已。但是在古代，"彝"这个字可是跟人们的关系非常密切，而且在日常生活中出现的频率极高。

彝，甲骨文字形❶，这是一个会意字，上面是一只鸟或鸡的形状，下面是两只手，左边是表示升降的符号，会意为双手捧着鸟或鸡进献。金文字形❷，鸡的样子更加栩栩如生。金文字形❸，这只站立的鸡好像有点儿肥，鸡的右下部很明显可以看出一根绳子，用它拴着翅膀。至于鸡嘴部的两点，鸡作为牺牲要煮熟才能进献，有人说这两点表示香气溢出，我认为应该是溅出的汤滴，添加这两点汤滴，更能表现出祭祀的虔诚。金文字形❹，上面的鸡变形严重，好像"豕"形，以至于有人误以为由献鸡变成了献豕（猪）。鸡的右边还是用来拴的绳子，鸡的嘴部还是溅出的汤滴。小篆字形❺，讹变得非常厉害，最上面是鸡头的变形，中间是汤滴讹变成的"米"，拴鸡翅膀的绳子定型为"系"。楷体字形下面的双手也发生了变异。

❸ ❹ ❺

《说文解字》："彝，宗庙常器也。"许慎的意思是说"彝"是宗庙中用作祭祀常备的祭器。其实这只是"彝"的引申义，本义应该是双手捧着鸟或鸡进献给神灵和祖先。从这个本义才引申出"宗庙常器"的意思。宗庙里的祭器是不能更动的，故称"常器"。徐中舒先生解释得最为贴切："像双手捧鸟形。古者宗庙祭祀每以鸟为牲，甲骨文彝字正像以鸟献祭之形。后更取鸟形以为宗庙器，故名其器曰'彝'。彝既为献祭时常用之器，后世乃以彝为宗庙器之共名，进而以为一切贵重器之共名。"

由"宗庙常器"又可以引申出常规、法度之意，《诗经·烝民》："民之秉彝，好是懿德。"郑玄解释道："民所执持有常道，莫不好有美德之人。"苏轼有诗："谁知此植物，亦解秉天彝。""天彝"即天理、天常，苏轼吟咏松柏身上也能够呈现出自然的常理。

周代有司尊彝的官职，"掌六尊、六彝之位"，"六尊"是六种注酒器，分别是：牺尊，象尊，著尊，壶尊，太尊，山尊。牺尊是牛形的盛酒器，背上凿孔注酒，另一说是在尊的腹部刻画牛形；象尊是象形或凤凰形的盛酒器，另一说是用象牙或象骨装饰；著尊是殷商时期的尊，着地无足，即立在地上，没有尊足；壶尊是以壶为尊；太尊是用瓦制成的，太古的瓦尊；山尊是刻画山和云形的酒器。"辨六尊之名物，以待祭祀宾客。"

六彝是六种酒器，分别是：鸡彝、鸟彝、斝彝、黄彝、虎彝、蜼彝。鸡彝刻画有鸡形的图饰，鸟彝刻画有凤凰形的图饰。鸡彝和鸟彝正是

"彝"的字形的来源。斝（jiǎ）彝刻画有禾稼形的图饰；黄彝又叫黄目尊，以黄铜制成，刻画有人目形的图饰；虎彝刻画有老虎形的图饰；蜼（wèi）是一种黄黑色、体型较大的长尾猴，蜼彝刻画有这种猴形的图饰。六彝的使用有着四季和不同祭礼的区别。祭祀时要用粗布、巾覆盖六尊，用有图饰的布、巾覆盖六彝。"辨六彝之名物，以待果将。""果"通"祼"，祼可不是裸体的"裸"，读作"guàn"，以酒灌地以请神叫作"祼"。"将"是送的意思。"果将"或"祼将"指帮助国君酌酒，以祭奠祖先或者宴饮诸侯。

今天人们的日常生活中早就没有了祭祀之礼，即使祭祖也一切从简，六彝之器彻底退出舞台，成为只活跃于古籍中的传说了。

# 遣

## 两只手抓着盛在祭器中的牲肉

> 遣之日，读诔——《周礼》

❶　　　　　❷

"遣"这个字，今天只当作派遣、遣送讲，除此之外再无别的用法。但是在古代，"遣"是一个含义非常丰富的汉字，而且与古人的祭祀息息相关。

遣，甲骨文字形❶，这是一个会意字，上面是两只手，看得很清楚，两只手抓着的是什么东西呢？马如森先生认为是军队，谷衍奎《汉字源流字典》认为是弓，"是古代送葬时以弓入葬的一种祭奠仪式"。甲骨文字形❷，下面的一横代表地面。甲骨文字形❸，下面添加了一个口形的器具。结合古籍中的相关记载，我认为"遣"的甲骨文字形中，两只手抓着的是用作祭祀的牲畜的肉。

据《礼记·檀弓下》载："始死，脯醢之奠；将行，遣而行之；既葬而食之。"这是讲的人死亡的祭奠之礼。脯醢（fǔ hǎi）是佐酒的菜肴，人刚死的时候，要用脯醢来祭奠；将行，即将下葬的时候，要举行"遣奠"；下葬返回时要举行"虞祭"，意思是使死者安神。

所谓"遣奠"，又称"大遣奠"，是最后一次为死者举行的祭奠，因此极为隆重，所用的牺牲（牲畜）也极为丰富，计有羊、豕、鱼、腊（干肉）、鲜兽各一鼎。

❸　　　　　　　　❹

据《周礼》记载:"遣之日,读诔。"周代有大史一职,职责之一是在"遣奠"之日,要为死者宣读"诔(lěi)",即今日所谓悼词,罗列死者一生的行迹。

"遣奠"完成之后,《周礼》又规定:"大丧,饰遣车,遂廞之,行之。"廞(xīn),陈列。下葬时,要装饰"遣车",陈列各种祭品,然后送入墓穴。所谓"遣车",孔颖达说是"送葬载牲体之车也",也就是说,将"遣奠"所用的牲畜的躯体折成一段一段的,装在车上,以方便送入墓穴。从"遣奠"的仪式和"遣车"的作用来看,"遣"的甲骨文字形中,那两只手抓着的正是用以祭奠的牲畜的牲体。这就是"遣"字的造字本义。

遣,金文字形❹,左边添加了一个"彳",用十字路口的一半表示行走,下面又添加了一只脚,正是《周礼》所说"饰遣车……行之"之意。金文字形❺,左边添加了一个人,右下方添加了一个口形的器具,代表盛装牲体的器皿。小篆字形❻,左边的"辵(chuò)"仍然表示行走,右边的下面是牲体和器皿的变形,上面是双手的讹变。楷体字形则完全看不出造字的本义了。

《说文解字》:"遣,纵也。""纵"是放的意思,这是引申义,本义是使用牲体的遣奠。人死属于凶礼,死了就再也回不来了,因此由遣奠引申为发送、放逐,古时妻子被丈夫休弃而离去称作"遣行",就是这一引

❺　　　　　　❻

申义的形象写照。

　　白川静先生认为"遣"是"军队出征前,先将祭品奉献于军社,祈求胜利,然后将祭肉切成大块,捧持出发",祭肉中"融入了军队的守护灵"。这一观点虽然新鲜,但却不如"遣奠"的本义更有文献支持。

# 沈

## 把牛沉入河流以祭水神

——以貍沈祭山林川泽 《周礼》

❶

❷

徐铉校定《说文解字》时说："今俗别作沉，冗不成字，非是。"这是指"沉"是"沈"的俗字。最初只有"沈"而没有"沉"，后来字义分化，"沈"当作地名和姓使用，俗字"沉"反而继承了"沈"的义项，以至于今天表达沉没、沉重等义项都只用"沉"这个字了。

沈，甲骨文字形❶，这是一个会意字，两边是河流，中间是一头牛，牛头朝下，牛身边的黑点表示流水。甲骨文字形❷，牛头朝上。甲骨文字形❸，字形简化，表示流水的黑点都省略掉了，仅用河流和牛头来会意。这个字形会意的是什么呢？

《周礼》中有大宗伯一职，职责之一是"以貍沈祭山林川泽"，郑玄解释说："祭山林曰埋，川泽曰沈，顺其性之含藏。""貍"借用为"埋"。原来，"埋"和"沈"都是古人祭祀的仪式。"埋"是将当作牺牲的牲畜挖坑埋入地下，以祭山林，其实就是祭地神；"沈"是将当作牺牲的牛沉入河流，以祭川泽，其实就是祭水神。这就是"沈"的本义。古时常常洪水泛滥，先民们就用这种仪式来祈求神灵免除水患。

沈，金文字形❹和❺，左右两边还是河流之形，河流的旁边是什么东西呢？从字形上看是"方"字，于省

❸  ❹  ❺  ❻

吾先生在《甲骨文字释林》中说:"近年来学者释方之说,颇多分歧。"代表性的说法是:"方"像起土所用的农具,或者像脖颈上戴枷的犯人。具体到"沈"字,将农具沉入河流祭水神于史无载,因此应该采用"方"字的第二种义项,即将戴枷的犯人或死刑犯沉入水中祭水神,这是一种活祭,用作牺牲的犯人被称作"人牲"。

沈,小篆字形❻,右边定型为"尤(yín)",变成了"从水尤声"的形声字。《说文解字》:"沈,陵上滈(hào)水也。"张舜徽先生说:"许以陵上滈水训沈,谓高处为水所没也。《庄子·则阳篇》所谓'陆沈',宜以此义解之,陆即陵耳。高处为水所没,乃沈字本义。引申为一切沈没之称。"由上述字形分析来看,此说不确,"高处为水所没"只是"沈"的引申义。

民间甲骨文研究者华强先生则把许慎所说的"滈水"视作一条具体的河流。他说:"滈水在陕西长安(即西周武王时首都镐京)附近,所以不能排除这样一种可能,即滈水可能是西周武王时期王朝每年进行'沉祭'之河流,滈水可能因此有'沉水'的俗名,即'沈水'。"

如此说来,凡是以"沈"命名之地应该都是举行"沉祭"的河流所在地,比如位于颖水中游的沈丘,意为古沈国的废墟,而这个沈国,就应该是负责祭祀水神的部族。沈国灭亡之后,以国为氏的沈姓后代,还记得自己祖先的古老职责吗?

《通俗西游记 八戒卵石试深浅》
月冈芳年绘·1865年

月冈芳年（1839—1892），本名米次郎，画号一魁斋芳年、玉樱楼、咀华亭、子英，晚号大苏芳年。日本江户时代末期著名浮世绘画家，被称为"最后的浮世绘师"，画风独特，以血腥的"无惨绘"著称。

《西游记》于江户时代传入日本，成为《三国演义》之外流传最广的中国故事，浮世绘师为之绘制了许多精美插图。月冈芳年笔下的《通俗西游记》绘制较晚，人物造型与环境渲染都明显脱离了中国绣像本的痕迹，画风厚重，设色强烈，有浓郁日本风情。

这幅描绘的是第四十七回"圣僧夜阻通天水　金木垂慈救小童"的开头。师徒四人来到通天河边，八戒丢了一块卵石到河中，欲试深浅。通天河号称"径过八百里，亘古少人行"，其深不可测，被一条鲤鱼精占据，强迫村民每年向他祭祀童男童女。唐僧师徒夜宿陈家村，巧遇祭祀，救得童男童女，降服妖怪，方解了这一方百姓之难。

# 艰

## 击鼓用捆绑的活人献祭

彼何人斯，其心孔艰 ——《诗经》

❶　　　　　❷

"艰"这个字的造字本意和造字过程，是远古时期一项残酷习俗的真实写照。我们的先民对大自然的认识和驾驭能力，当然远远比不上今人，因此出于对大自然和鬼神的敬畏而在"艰"字身上展示了这项残酷的习俗，也是可以理解的事情。

据《吕氏春秋·顺民》篇记载："昔者汤克夏而正天下，天大旱，五年不收，汤乃以身祷于桑林，曰：'余一人有罪，无及万夫。万夫有罪，在余一人。无以一人之不敏，使上帝鬼神伤民之命。'于是剪其发，枥其手，以身为牺牲，用祈福于上帝，民乃甚说，雨乃大至。"这段文字浅白易懂，需要解释的是"枥其手"。"枥"是夹手指的刑具，用这种刑具将人的十指夹起来讯问。"枥其手"就跟"艰"字大有关系。

"艰"的繁体字是"艱"，甲骨文字形❶，这是一个会意字，右边是一个跪着的人，左边是一面鼓，会意为击鼓用活人献祭。这个人的手臂藏在身体下面，原因就是双手被捆绑了起来，不过"枥其手"的样子还不明显。甲骨文字形❷，右边是跪着的女人，击鼓用女人献祭。

❸　　　　　　❹

艰，甲骨文字形❸，右边的人形比较复杂。这个人正面站立，双手张开，脸部中间的十字形表示手臂在尽头处被捆缚，双臂交相捆缚。也有人说脸部加十字形表示这个人被头套或面具蒙上脸部，蒙面献祭。这个人脸部上面的那个东西就是"柄"这种刑具，不过跟"柄其手"有所区别的是，用"柄"这种刑具枷住的是这个人的颈部。这种刑具也叫"枷"，方形木制，套在脖子上面。

艰，金文字形❹，越发复杂起来。左边鼓的下面添加了一个"口"，表示击鼓的时候还发出喊叫声，这个字其实就是"喜"，击鼓欢喜。右边被缚手、枷颈的人下面则添加了一个"火"，表示将这个人焚烧献祭。金文字形❺，大同小异。至此，这项将活人焚烧献祭的残酷习俗完成了它的演示过程。用来献祭的活人被称作"人牲"。

艰，小篆字形❻，左边下面的"火"讹变为"土"，右边则变成了"艮"，击鼓喊叫这个必需的环节就此失去，导致许慎在《说文解字》中进行了错误的释义："艰，土难治也。从堇艮声。"段玉裁注解说："引申之，凡难理皆曰艰。"

从"艰"字的甲骨文和金文字形可以很清楚地看出，"艰"跟土地难以治理一丁点儿关系都没有。至于为何能够引申为艰难、困难，只要看一下这位用来献祭的活人，那种缚手、枷颈，不能自由活动的艰难的样子就明白了。

❺   ❻

《诗经·何人斯》开篇就痛苦地吟咏道:"彼何人斯,其心孔艰。"感叹这个人的用心极其险恶。"艰"由艰难引申为险恶,当然,人牲被焚烧的处境,那才真的是险恶无比啊!

# 突

## 把狗埋在坑穴里祭祀灶神

> 孔席不暖，墨突不黔
> ——班固

❶ ❷

"突"这个字很奇怪，穴下一条狗，最常用的义项"突然"跟这条狗有什么关系呢？我们来看看这个字的演变过程。

突，甲骨文字形❶，这是一个会意字，下面是一条狗，上面是什么呢？读者朋友们立刻就会说："当然是'穴'啦！"事实上学者们也都是这样认为的。甲骨文字形❷，上面看起来还像"穴"吗？战国时期的古玺文字形❸，上面开始定型为"穴"，穴中狗的形状栩栩如生。小篆字形❹，跟今天使用的"突"字一模一样。

《说文解字》："突，犬从穴中暂出也。从犬在穴中。一曰滑也。"徐锴进一步解释说："犬匿于穴中伺人，人不意之，突然而出也。"段玉裁据此说："引申为凡猝乍之称。""猝乍"即突然之意。至于许慎所说的"滑也"，"滑"即"猾"，形容狗的狡猾欺诈，因此《广雅·释诂》解释说："突，欺也。"

按照以上解释，这条狗似乎很喜欢恶作剧，专门藏在穴中，待人路过的时候突然窜出来吓人一跳。日常生活中，人们都有过被这样的狗惊吓的经历，但是犬藏于穴就是为了吓人、欺诈人，这就说不通了。

❸

❹

不同于绝大多数学者的解释，白川静先生的观点极富启发性。他认为这条犬乃是供牺牲的狗，而犬上面的"穴"则是灶穴："将牺牲之犬放于此处，祭祀灶神。灶神属于火神。"狗是中国古人最早驯化的六畜之一，不仅用于祭祀宗庙的牺牲，而且还用于殉葬，包括殷墟在内的商代遗址中曾经发掘出非常多的殉葬犬。仔细观察"突"的甲骨文字形，尤其是甲骨文字形❷，狗的身边有三个黑点，正是将狗埋在坑穴中的土块之形。

那么，起源极早的祭灶活动中，到底有没有使用狗作牺牲的习俗呢？《后汉书·阴识传》中有这样一段记载："宣帝时，阴子方者，至孝有仁恩，腊日晨炊而灶神形见，子方再拜受庆。家有黄羊，因以祀之。"南朝宗懔所著《荆楚岁时记》解释说："汉阴子方，腊日见灶神，以黄犬祭之，谓之黄羊。阴氏世蒙其福。"阴子方祭祀灶神的黄羊原来就是黄犬。西晋学者崔豹《古今注》载："狗一名黄羊。"李时珍《本草纲目》中也有狗别名"地羊"的记载，可见汉代时仍有以黄犬祭灶的习俗。

至此，"突"的本义就呈现出来了，正如白川静先生所说："将牺牲之犬放于此处，祭祀灶神。"灶神乃火神，灶中必有火，火气上冒，因此古人就将祭祀灶神之处冒出烟气的烟囱称作"突"，又称"灶突"。班固在《答宾戏》一文中描述"孔席不暖，墨突不黔"，孔子为推行自己的学说到处奔走，每到一处，座席未暖又急急赶往下一个地方，墨子也是一样，每到一处，做饭的烟囱还没有熏黑，就又急急赶往下一个地方。

烟囱突出于外,因此"突"引申为突出;灶中生火,烟气忽然就冒了出来,因此"突"又引申为突然。这就是"突"字的演变过程,以及为何从犬的原因。

《饩腊迎祥册之黄羊祀灶》

清代董诰绘,纸本设色,台北"故宫博物院"藏

董诰(1740—1818),字雅伦,号庶林,浙江富阳人,董邦达长子,官至太傅、文华殿大学士。工诗文,善书画。此《饩腊迎祥》册绘于嘉庆二十一年(1816),应是为宫中庆祝新年而作。

这幅描绘了过年时"黄羊祀灶"的风俗。在腊日以黄羊奉祀灶神的风俗起源于东汉。画面上是一户忙着准备祭灶的农家,灶间已设好烛台香炉之属,一人牵"黄羊"一只,经过庭院,向灶间走来。但此羊为真羊,非犬只。当时清宫祭灶例设祭品三十三种,颇为慎重其事,供奉黄羊也必不可少。清前期,黄羊自南苑捕来,道光十一年(1831)上谕着用"张家口进到黄羊",从此,祭灶黄羊就来自张家口贡奉,不再需要专门去南苑捕猎了。

# 多

## 把祭祀所用的肉分成两块

> 战功曰多 ——《周礼》

❶

多、少是一对义项相反的汉字,今天使用的"多"字由两个"夕"组成,这就很令人费解了:两"夕"为何能够表示数量多的意思呢?

多,甲骨文字形❶,从这个字形可以看得很清楚,上下并非两个"夕",而是两块肉的形状。徐中舒先生在《甲骨文字典》中解释说:"像块肉形……古时祭祀分胙肉,分两块则多义自见。"专供祭祀所用的肉称"胙(zuò)"。金文字形❷,仍然是叠置的两块肉。小篆字形❸,讹变为两"夕",以至于许慎根据这个字形在《说文解字》中释义为:"多,重也。从重夕。夕者,相绎也,故为多。重夕为多。""重"读为 chóng,重复。张舜徽先生在《说文解字约注》一书中延续了许慎的错误释义:"昼夜重复,往而又来,故多字取象焉。"

《左传·成公十三年》载:"国之大事,在祀与戎,祀有执膰,戎有受脤,神之大节也。"祭祀社稷(土地神和谷神)所用的生肉称作"脤(shèn)",因为盛在以蜃贝为饰的蜃器中,故称"脤";祭祀宗庙(天子和诸侯祭祀祖先的庙宇)所用的熟肉称作"膰(fán)","膰"通"燔",烧烤。郑玄注解说:"脤膰,社稷宗庙

之肉，以赐同姓之国，同福禄也。"

把祭肉放置在专门的几案上，这个几案就是"且"；在几案上用刀切成两半，这就是"俎"，乃是礼器，为祭祀所用，故称"礼俎"。第一刀下去切成两半，这就是"多"。

孟子在《梁惠王上》篇中写道："五亩之宅，树之以桑，五十者可以衣帛矣。鸡豚狗彘之畜，无失其时，七十者可以食肉矣。"平民百姓七十岁才可以食肉，其困难可想而知；因此即使是统治阶层，一次祭祀能够分到两块祭肉，也就可称"多"了，此即徐中舒先生所言"分两块则多义自见"。

《周礼》载有"六功"的称谓："王功曰勋，国功曰功，民功曰庸，事功曰劳，治功曰力，战功曰多。""王功"指能够辅佐人君成就王业的功绩，称"勋"；"国功"指能够保全国家的功绩，称"功"；"民功"指治理百姓的功绩，比如务农之事，称"庸"；"事功"指为国事辛劳的功绩，比如大禹治水，称"劳"；"治功"指制定法律并有效实施的功绩，称"力"。

"战功曰多"，郑玄注解说："克敌出奇，若韩信、陈平。"贾公彦进一步解释说："以其言多，是于众之中比校多少之事，故知是克敌出奇，比彼为多者也。汉之二将，是克敌出奇之人，故以拟之耳……《司马法》曰'上多前房'者，彼亦是战以功多为上，居于阵前，虏获俘囚，故引以证多为战功者也。"

其实，古代战争，杀死敌人之后，要割下敌人的左耳带回营地，作为计功的凭据;割下的耳朵越多,则战功越高,"多"作为战功的称谓,不过就是由祭肉之多引申而指割下的耳朵之多。战争之血腥,由"战功曰多"可见一斑。

❶ ❷

## 专门用于祭祀的小猪

凡用禽献，春行羔豚，膳膏香 ——《周礼》

"豚"字今天只用于河豚这种鱼的名字。苏轼著名的诗篇《惠崇春江晚景》吟咏道："竹外桃花三两枝，春江水暖鸭先知。蒌蒿满地芦芽短，正是河豚欲上时。"含有剧毒物河鲀毒素的河豚早就成为中国古人的美味，以至于人们但知河豚，而不知道"豚"在古代有趣且重要的功用。

豚，甲骨文字形❶，这是一个会意字，右边是一只腹部朝左的猪，左边是猪腹部的一块肉。这个字形会意为什么意思呢？左民安先生认为这是肉猪而不是种猪；白川静先生认为"'豕'之腹部加上'月'（肉），因此'豚'义为猪腹部之肉，或为怀孕之母猪"。甲骨文字形❷，大同小异。甲骨文字形❸，那块❶形的肉放在了猪的肚子里面，这倒很像怀孕的母猪。

豚，金文字形❹，右下角添加了一只手。金文字形❺，字形更规范。小篆字形❻，变成了左月右豕的结构，那只手不见了。

《说文解字》："豚，小豕也……从又持肉，以给祠祀。"清代学者王筠说："古人之豕，非大不食。小豕惟以致祭也。"晚清学者宋育仁说："小豕谓豕子。

❸ ❹ ❺

扬雄书:'猪,其子谓之豚。'是也。古者小祀不用大牲,群小祀,礼用特豚。故制豚字从又持肉以给祠祀也。特牲馈食,即用特豚。"

甲骨卜辞中的"豚"字都用于祭祀场合,因此"豚"的本义乃是专门用于祭祀的肉猪;而正如王筠所说小猪"惟以致祭",因此"豚"即是专门用于祭祀的小猪。扬雄在《方言》中说:"猪,其子谓之豚。"正是小猪之意。古有大祀、小祀之别。大祀指祭祀天地和宗庙;小祀指祭祀风伯、雨师、星辰、山林、川泽等,也称"群祀"。正如宋育仁所说"群小祀,礼用特豚","特"指一种牲畜,"特豚"即一只小猪。

再回到"豚"字的字形。甲骨文字形中的 ❶ 形符号表示从小猪身上割下来的祭肉,这块祭肉来自腹部或肋下;金文中添加的那只手,则表示手持祭肉供奉。

据《周礼》载,周代有庖人一职,职掌供膳。"凡用禽献:春行羔豚,膳膏香;夏行腒鱐,膳膏臊;秋行犊麑,膳膏腥;冬行鲜羽,膳膏膻。""禽献"指供给周天子的膳食;春天吃羊羔和小猪,"膳"指煎煮调味,"膏香"指用以调味的牛脂;"腒(jū)"是干腌的鸟肉,"鱐(sù)"是干鱼,夏天吃这两样东西,"膏臊"指用以调味的犬膏;"犊"是小牛,"麑(mí)"是幼鹿,秋天吃这两样东西,"膏腥"指用以调味的猪膏;"鲜"是活鱼,"羽"是雁类,冬天吃这两样东西,"膏膻"指用以调味的羊膏。周天子的膳食真精致啊!

❻

　　据《礼记·曲礼下》载，祭祀宗庙的时候，当作牺牲的牲畜们还各有专名，其中"豕曰刚鬣，豚曰腯肥"，又大又肥的猪鬣毛刚硬，肉墩墩的小猪叫"腯肥"，"腯（tú）"专用以形容肥猪。

　　看完这篇文章，您就知道"豚"是一个多么有趣的汉字了！

# 膏

## 在宗庙里用动物的油脂祭祀祖先

岂无膏沐，谁适为容
——《诗经》

❶

❷

中国古代有四句著名的官箴，即做官的箴言："尔俸尔禄，民膏民脂。下民易虐，上天难欺。"宋太宗曾手书刻石以赠郡国，称作《戒石铭》。民膏、民脂都是指劳动人民用血汗创造的财富，那么二者有什么区别呢？

膏，甲骨文字形❶，很多学者都认为这是一个形声字，即如许慎所说"从肉高声"。《说文解字》："膏，肥也。""膏"既然是"肉之肥者"，当然也可以跟厚、大等形容词组合在一起，可是为何偏偏要和"高"组合在一起呢？

我认为这是一个会意字，下面是肉，上面是天子和诸侯祭祀祖先的宗庙的高顶。"宗庙之崇"，正是宗庙最醒目的建筑特征，因此用高顶来代表宗庙。这个字形会意为在宗庙里用动物的油脂祭祀祖先。"膏"的本义就是供祭祀所用的油脂。"脂"和"膏"的区别在于："凝者曰脂，释者曰膏。"凝固的称"脂"，融化的称"膏"。《周礼·考工记》："宗庙之事，脂者、膏者以为牲。"古人分类极细，所谓"脂者"指牛羊，所谓"膏者"指猪。用这几种动物的油脂作为祭品，正是"膏"的字形的形象写照。

❸ ❹ ❺

膏，甲骨文字形❷，下面的"月"其实就是肉的形状。甲骨文字形❸，最下面添加了一个口形，这是盛装油脂的器皿。先秦时期的古陶文字形❹，肉和器皿互换了位置，从而成为"从肉高声"的形声字。小篆字形❺，同于古陶文。

供祭祀的动物油脂一定最为肥美，"膏"因此引申为"肉之肥者"。古时称富贵人家的子弟为"膏粱子弟"，"膏"是肥肉，"粱"是细粮，只有富贵人家才吃得起，故有此称谓。古人认为"膏粱之性难正也"，"言食肥美者，率多骄放，其性难正"，倒也符合肉食者的特性。"膏"又引申为肥沃，司马迁形容齐国的土地"膏壤二千里"，可见齐国之富庶。

"膏"既为动物肥美的油脂，因此凡油脂类的化妆品都可称"膏"。《诗经》中《伯兮》这一诗篇描写妻子对远征的丈夫的思念，其中有"自伯之东，首如飞蓬。岂无膏沐，谁适为容"的咏叹。丈夫不在家，妻子懒得妆饰，以至于头发就如同到处飞旋的蓬草。朱熹解释"膏沐"一词："膏，所以泽发者；沐，涤首去垢也。""沐"专指洗头发，"膏"是润泽头发的油脂。妻子叹息道："我并不是没有润泽头发的膏沐，可是我打扮给谁看呢！"

古人把心尖的脂肪也称作"膏"，把心脏与横膈膜之间的部位称作"肓（huāng）"。肓上膏下是药力和针灸达不到的部位，因此"病入膏肓"就形容不可救药。《左传·成公十年》中把这种病症表述得非常清楚："在肓之上，膏之下，攻之不可，达之不及，药不至焉，不可为也。"

《二美人洗发》(髪洗い二美人)

铃木春信绘,约1767—1768年

铃木春信（1724—1770），日本江户时代中期代表浮世绘画家，首创多色印刷版画，即"锦绘"，以美人画最著名。他的作品线条干净细腻，色调柔和安静，富于诗意，自成一格，被称为"春信式"。春信笔下的女子几乎都是少女模样，腰肢细细，手足纤巧，体态轻盈，饱满的脸颊有种天真的秀美。

这幅画上，两个衣衫不整的女子正在"膏沐"。一女梳头，一女弯腰濯发。旁有镜子梳篦之属。从门外河边盛开的鸢尾花来看，时节似乎是端午节前后。江户中期女子洗发频率大约每月一两次。据说在吉原，每个月的 27 日是固定洗发日。洗发时她们用布海苔（一种海藻）和乌冬粉自制洗发剂帮助清洁，令头发亮泽，去除异味。洗完擦干后，用一种从松树中提取出来的发油滋润长发。将头发绾结为美丽繁复的发髻则可能需要专门的"结发师"帮忙。

# 牢

## 把牛关进栏圈里等待祭祀

> 天子社稷皆大牢，诸侯社稷皆少牢 ——《礼记》

❶

❷

"牢"字今天只当牢房讲，但是在古代，这个字的内涵丰富得让人无法想象！

牢，甲骨文字形❶，这是一个会意字，里面关着一头牛，外面像养牛的栏圈，因此会意为牛圈，进而泛指一般牲畜的栏圈。《说文解字》："牢，闲养牛马圈也。""闲"的本义就是栅栏，因此"牢"的本义就是养牛马等牲畜的栏圈，成语"亡羊补牢"就是这个意思。甲骨文字形❷，里面关着的是一只羊。金文字形❸，接近甲骨文。小篆字形❹，在牛圈门口又添加了一根横木，更加牢固地把牛拴在牛圈里跑不出来了。楷体字形虽然简化了，但仍然是一个会意字，能够很清楚地看出来"牢"的意思。

"牢"的本义既为"养牛马圈"，那么"牢骚"一词就很容易理解了。据《说文解字》，"骚"的本义是"摩马"，"摩马，如今人之刷马"，引申为"扰也"，马扰动的样子。刷马的时候马躁动不安，于是引申为因纷扰不安而导致的忧愁。刷马就是给马刷洗身体，梳理鬃毛，保持干净。马和马车是古代最重要的交通工具，赶马车的人被称为御者，用今天的话说就是马夫，因为马夫是干体力活儿的，所以地位低下。一天

❸　　　　　　　❹

劳累下来,晚上还要在马圈里刷马。伴随着马的扰动,马夫不免哀叹自己的身世,有抱负的人更有怀才不遇之感。整天窝在马圈里伺候马,时间长了任谁都不会心情愉快,因此刷着刷着马夫就开始在马圈里发牢骚了。这就是"牢骚"一词的由来。

"牢"是牲畜圈,因为牛羊猪都要关进圈里,于是就引申出作祭品用的牛羊猪的意思来。《礼记·王制》规定:"天子社稷皆太牢,诸侯社稷皆少牢。"天子祭祀的时候使用太牢,诸侯祭祀的时候使用少牢。所谓太牢,是指牛羊猪三种牲畜全都具备;所谓少牢,是指只用羊和猪。旧说以为,甲骨卜辞里,指太牢的时候用"牢"字,指少牢的时候用"牢"字的甲骨文字形❷,就是因为少牢缺了牛的缘故。天子的礼节当然要盛于诸侯,因此而有太牢、少牢之别,不可望文生义。

因为"牢"里面关的是牲畜,牲畜通常属于官方所有,牲畜越多,财产越丰盛,因此"牢"又引申出官方发给的粮食之意。比如牢赏指官方发给士卒军粮用以犒赏,牢直更是直接指粮饷。牲畜被关在栏圈里,因此"牢"又引申为关押犯人的地方,这就是今天使用的含义,如监牢、牢房、囚牢,等等,不胜枚举。从关牲畜到关押人,可见古人拿罪犯不当人看待。既然关押犯人,那么牢房必须牢固,因此"牢"又引申出牢固、坚固之意,比如著名的关隘虎牢关,就用"虎牢"二字形容此关隘极牢固,易守难攻。更有趣的用法是,"牢"还用来形容嘴紧,比如说"某人嘴牢着呢",指人谨慎少言,口风极严,不轻易泄露隐私。

# 巫

## 女巫手持道具舞蹈

潭潭村鼓隔溪闻，楚巫歌舞送迎神
——欧阳修

巫师、巫术、巫婆……都是今天的人们看来非常神秘甚至被认作迷信的东西，但是在古代，"巫"却跟人们的日常生活息息相关。

巫，甲骨文字形❶，这是一个象形字，但像什么东西，却众说纷纭。一种说法是像女巫行法时所用的道具；另一种说法是由两个"工"组成，"工"是曲尺之类的测量工具，掌握了这种测量天和地的工具的人即为"巫"；还有一种说法是"像二玉交错之形"，巫师持玉降神。金文字形❷，接近甲骨文。在战国后期秦国所刻的《诅楚文》中，"巫"字写作字形❸，中间部分确实像玉的形状。

"巫"的小篆字形❹，虽然仍是象形字，但字形却不一样了，不管是道具、工具还是玉形，它们的中间出现了两个女巫舞袖的形象。女巫行法时要挥舞衣袖，故以此象形。《说文解字》还收录了"巫"的一个古文字形❺，女巫手持道具，站在专用的降神台上舞蹈，下面又添加了两只手，就像众星捧月一样。

《说文解字》："巫，祝也。女能事无形，以舞降神者也。象人两袖舞形。与工同意。古者巫咸初作巫。"

❸ ❹ ❺

这是许慎根据小篆字形得出的解释，与甲骨文和金文字形不符。为什么许慎说"巫"的字形象形的仅仅是女巫呢？这是因为，在古代女巫才能称为"巫"，男巫则称为"觋"（xí），男巫比女巫的地位高，因此在"巫"字的右边添加了一个"见"。"见"的甲骨文字形是在头上加了只眼睛，突出头部形象和眼睛的作用，以此表示地位较高。男巫也可以称为"祝"，是祭祀时主持祝告的人。

在我国，"巫"的起源很早，《山海经·大荒西经》中就罗列了十位巫师："有灵山，巫咸、巫即、巫盼、巫彭、巫姑、巫真、巫礼、巫抵、巫谢、巫罗，十巫从此升降，百药爰在。"《海外西经》记载了巫咸之国："巫咸国在女丑北，右手操青蛇，左手操赤蛇。在登葆山，群巫所从上下也。"《海内西经》也有记载："开明东有巫彭、巫抵、巫阳、巫履、巫凡、巫相，夹窫窳之尸，皆操不死之药以距之。"窫窳（yà yǔ）是传说中的一种吃人的怪兽。据说最早的巫师叫作巫咸，因此这些典籍中屡屡出现巫咸和巫咸之国的名字。

欧阳修有诗："潭潭村鼓隔溪闻，楚巫歌舞送迎神。""巫"在楚国的地位非常高，楚人对巫非常推崇，尤其是对社会金字塔顶端的精英——大巫，更是顶礼膜拜。那时的巫，并非今天人们以为的神鬼之属，而俱是才学超卓之辈，医卜星相之术仅其小端。《论语·子路》中曾经说过："南人有言曰：'人而无恒，不可以作巫、医。'善夫！"南人即楚人，楚人认为没有恒心的人不可以作巫和医，正表示他们对巫的尊重。

《国语·楚语》中有段话，反映了楚人对巫的正式看法："古者民神不杂，民之精爽不携二者，而又能齐肃中正，其智能上下比义，其圣能光远宣朗，其明能光照之，其聪能月彻之，如是则明神降之，在男曰觋，在女曰巫。"庄子乃楚人后裔，因此对"巫"的理解非常深刻，著名的"小巫见大巫"这一俗语就出自他。"小巫见大巫，拔芧而弃，此其所以终身弗如也。""芧（zhù）"是一种生长在沼泽旁边的草。小巫见到大巫之后，已经拔出来作为法术用的芧草就扔掉了，表示自己不敢在鲁班门前弄大斧，一辈子也比不上大巫。这当然是个比喻，比喻两者之间高下悬殊，差距太大。

至于"巫山"之名，是因为此山的形状酷似"巫"这个字的字形，故取名"巫山"，并且演绎出了"巫山云雨"这段美丽传说。

《百美新咏图传》九十六"巫山神女"
清代颜希源编,王翙绘,集腋轩藏版,清嘉庆十年刊本

　　《百美新咏图传》收录历代名媛佳丽小传百篇,配以图百幅及文人咏词二百余首,集图像、传记、诗词于一体。原画出自当时宫廷著名画师王翙(Huì)之手,人物篆刻清晰隽雅,栩栩如生,在版画史上地位颇高。

　　巫山神女,据说是天帝之季女,名曰瑶姬,未嫁而亡,封于巫山之阳,精魂为草,实为灵芝。战国楚宋玉《高唐赋》记"先王"游高唐昼寝,梦巫山之女愿荐枕席,神女临去时自称"妾在巫山之阳,高丘之阻,旦为朝云,暮为行雨。朝朝暮暮,阳台之下"。又有《神女赋》一篇描述"襄王有梦,神女无心"。此后巫山神女成为中国诗词中最常用的典故之一。梦之迷离,神女之美,云雨之恍惚,醒后之惆怅,皆令后人嗟叹感慕不尽。

# 占

## 察看卜骨的裂纹以获取神意

凡卜筮，君占体，大夫占色，史占墨，卜人占坼 ——《周礼》

❶ ❷

今天最常使用的"占"的义项是占领、占据，读音为zhàn。但其实当作这个义项时应该写作"佔"，如今都统一简化为"占"。"占"本来的读音为zhān，今天使用的占卜的义项即其本义。

占，甲骨文字形❶，上"卜"下"口"，表示占卜时所问的问题。许进雄先生在《中国古代社会》一书中则认为："作卜骨上兆纹的形状及一张嘴之形，表示以兆纹说话，即以兆纹呈现神灵旨意之意。"白川静先生也在《常用字解》一书中写道："先在龟甲的内侧剜出枣核形小洞，然后在旁边刻出圆形小洞，再用火烧灼龟甲表面，使其产生'卜'字形裂纹。根据所产生的'卜'字形裂纹而占卜吉凶。'口'为置有向神祷告的祷辞的祝咒之器。向神祷告，向神问卜，谓'占'。"王硕荃先生所著《古史音河》一书中认为下面的"口"表示具体的国家，即"殷"，据此则"占"专指殷人占卜之法。

占，甲骨文字形❷，外面添加了一个方框。甲骨文字形❸，可以明确看出，外面添加的这个东西并非方框。那么，这到底是什么东西呢？徐中舒先生在《甲

❸　　　　　　　　❹　　　　　　　　❺

骨文字典》中认为是"冎（guǎ）"，即"骨"的初文。商代之前，用牛、羊、猪、鹿等大型哺乳动物的骨头占卜，尤其以牛的肩胛骨为多，商代才开始使用龟甲。因此外面添加的这个东西就是卜骨，进一步强调占卜所用的器具。徐中舒和白川静两位学者则认为这个"占"字特指殷王的占卜。

占，甲骨文字形❹，外面牛的肩胛骨的形状更为清晰。陆思贤先生所著《周易·天文·考古》一书中则有不同意见，他认为这并非卜骨，而是"取象于甲骨文时代的观象台……在台面上可以做观象工作，台下的屋内，为'盛卜具之器'"；因此也并非牛的肩胛骨的象形，而是"'羊角柱'，是传承于半坡文化时代的'羊角图腾柱'，用为立竿测影的'立竿'"。但从字形来看，还是释为卜骨更为妥当。

占，小篆字形❺，跟今天使用的"占"字一模一样。《说文解字》："占，视兆问也。从卜从口。"张舜徽先生在《说文解字约注》一书中进一步解释说："占之言瞻也，谓临视其兆以察其吉凶也。许以视兆问训占，重在一视字。"也就是说，"占"的本义是指察看龟甲的裂纹而判断吉凶。

据《周礼》记载，周代有"占人"一职，职责之一是："凡卜筮，君占体，大夫占色，史占墨，卜人占坼。"郑玄注解说："体有吉凶，色有善恶，墨有大小，坼有微明。尊者视兆象而已，卑者以次详其余也。"也就是说，"体"指整体的兆象，乃国君所察看；"色"指兆气，裂纹呈现出的气色,乃大夫所察看;"墨"指裂纹的正缝或大的裂缝,乃史官所察看;"坼"指裂纹的斜枝或小的裂缝,乃卜人所察看。

至于"占"引申为据有、占据的义项,正如白川静先生所言:"通过吉兆获知的神意为一种绝对的存在,因此,后来'占'有了占有、占据、独占之义。"

# 卜

## 龟甲灼烧后的裂纹

> 卜之，不吉，筮之，吉
> ——《左传》

❶　　　　　　❷

"卜"这个字，从诞生之日起，一直到三千多年后的今天，唯一的义项就是占卜，从未引申出其他的义项，真称得上一桩奇事！上古时期的先民，遇事无大小均要占卜，因此占卜这一行为在古人的日常生活和风俗史中占据着至高无上的地位。

卜，甲骨文字形❶，由一竖和一向右的斜枝组合而成。甲骨文字形❷，斜枝向左。金文字形❸和❹，大同小异。小篆字形❺，规范化为一竖一短横。

《说文解字》："卜，灼剥龟也，象灸龟之形。一曰，象龟兆之纵横也。"作为象形字的"卜"字的构形实在太过简单，因此自许慎以下的历代学者们都没有任何不同意见，徐中舒先生在《甲骨文字典》中总结说："卜，正象灼龟后兆璺纵横斜出之状。卜兆先有直坼，而后有斜出之裂纹，裂纹或向上，或向下，卜人据此以判吉凶。"

这段话里的"璺（wèn）"指微裂而未破的裂纹，"坼（chè）"指裂缝。殷人占卜用龟甲，先在龟甲的背部钻凿出圆窝，圆窝旁边再凿出椭圆形浅槽，都不能穿透龟甲；然后用烧红的坚硬木棍贴近窝槽，因为受热不均匀，龟甲的正面就会发生爆裂而产生裂纹，这种裂纹就

085

❸  ❹  ❺

是所谓的兆象。

"卜"的字形就是兆象的象形：一竖是裂纹的正缝，称作"墨"或"兆广"；斜枝是裂纹旁出的斜缝，称作"坼"或"兆璺"。或者也可以这样说：一竖指大的裂缝，斜枝指小的裂缝。同时，烧灼龟甲时发生爆裂的声音也就是"卜"的读音，古人造字之精妙，令人叹为观止！正如清代学者吴凌云的总结："古者有事问龟，则契其腹背之高处，以火灼之。其声卜，则有兆以告我矣。其兆或纵或横，作卜以象其形，而音则如其声。"

除了用龟甲占卜之外，还有一种占卜方法叫"筮（shì）"，使用菊科的蓍（shī）草占卜。据说蓍草能长到一千年，生三百茎，因寿长故能知吉凶。《史记·龟策列传》中则说："闻蓍生满百茎者，其下必有神龟守之，其上常有青云覆之。"

这两种占卜方式合称"卜筮"，区别在于："大事卜，小事筮。"或者先筮后卜，而且卜比筮更灵验。道理很简单：蓍草比龟甲更容易得到，平民百姓也能用以占卜；而龟甲则只有统治阶层才能用得起。

卜筮还有严格的限制，《礼记·玉藻》中规定："卜筮不过三，卜筮不相袭。"意思是说：不管卜还是筮，三次而止；同时也不能卜不吉则又筮，筮不吉则又卜。这都属于亵渎之举。

《左传·僖公四年》中就记载了一个关于卜筮的著名故事："初，晋献公欲以骊姬为夫人，卜之，不吉；筮之，吉。公曰：'从筮。'卜人曰：

'筮短龟长，不如从长。且其繇曰："专之渝，攘公之羭。一薰一莸，十年尚犹有臭。"必不可。'弗听，立之。"

晋献公想立骊姬为夫人，先用龟甲占卜，不吉，再用蓍草占卜，吉。晋献公要求听从"筮"的结果，卜人却说："万物初生，先有形象，然后才有数目。龟卜产生的是兆象，而蓍草则是用数目占卜，因此'筮短龟长'，龟卜比筮更灵验。"

"繇（zhòu）"指龟卜显示的兆辞，"渝"意为改变，"羭（yú）"意为美好，"薰"是香草，"莸（yóu）"是臭草。古人根据长期的龟卜结果，拟定有相应的兆辞，晋献公的卜人就举出这次龟卜相应的兆辞："主观上想专一就会发生变乱，变乱就会夺去美好。香草和臭草放在一起，十年后还会有臭气。"

晋献公不听，坚持立骊姬为夫人，最终导致了"骊姬之乱"。

《绘高宗御书范成大〈照田蚕行〉》（局部）
清代陈士俊绘，纸本浅设色，台北"故宫博物"院藏

　　高宗即乾隆帝。陈士俊，生卒里籍不详，应为乾隆时期内廷供奉。此轴是一套画屏之一，由内廷画师按皇帝御书主题绘制。本幅画的是宋范成大《腊月村田乐府》其七《照田蚕行》："乡村腊月二十五，长竿然炬照南亩。"这首诗叙写农人于岁末点火照田以占卜来年年景，祈求蚕业丰收的趣俗。

　　"照田蚕"是南宋以来在江南地区盛行的岁时风俗，作为一种节日娱乐，同时具有群体巫术的意味。腊月二十五夜，农家用长竿捆扎草束，结成火把点燃，成群结队，游行在田陌间，口中高呼祝词或歌谣，根据火焰之明暗占卜来岁年景。"侬家今夜火最明，的知新岁田蚕好。"（范成大）"夜深燃罢归白屋，共说丰年真可卜。"（高启）画中家家户户老幼齐出，提着灯笼，举着火把行于田野，人物生动，雾霭溶溶，烘托出质朴自然的生活气息，是一幅优秀的命题画作。

# 厌

## 人吃祭祀所用的狗肉而饱

以菟为厌胜之术 ——《后汉书》

❶

"厌""压"的繁体字分别是"厭""壓",显然这两个字都来自"猒"。之所以进行这样的辨析,是因为"厌"和"压"的造字思维以及区别非常有意思,而且牵涉到古代中国一种大名鼎鼎的巫术。

先来看"猒"是怎么造出来的,金文字形❶,由三部分组成:右边是"犬",左边上"口"下"肉"(不是"月")。有人认为这三个字符会意为狗食肉而饱,比如张舜徽先生在《说文解字约注》一书中写道:"凡兽多嗜食肉,惟犬为家畜,人得常见之,故从犬。"

不过,王筠在《说文例释》中则解释说:"何以专饱义?古所贵也。《乡饮酒礼》祗享一狗。"《仪礼·乡饮酒礼》中确有"其牲,狗也"的记载,"祗(zhī)"是恭敬之意,作为祭牲的狗肉贵重,因此要恭敬地享用。根据这一释义,整个字形会意为人食狗肉而饱。

猒,小篆字形❷,左上的"口"中添加了一短横,变成了"甘",形容狗肉之味美。《说文解字》:"猒,饱也。"段玉裁注解说:"饱足则人意倦矣,故引伸为猒倦、猒憎。"

厭,小篆字形❷,段玉裁评论道:"浅人多改猒为厭,厭专行而猒废矣。"也就是说,"猒"是古字,而"厭"

❷

❸

则是今字。不过,后人给"猒"添加了一个"厂"字头是有道理的,"厂"不是工厂,而是山崖之形。《说文解字》:"厭,笮也。""笮(zé)"是逼迫、狭窄之意,人吃饱后歇息于山崖之下,感觉到压抑,因此"厭"的本义其实就是按压,段玉裁注解说:"此义今人字作壓,乃古今字之殊。"

"壓"的本义是指土堆崩塌裂坏,因此下面从土;而"厭"的本义才是按压、压抑。这三个字的关系,张舜徽先生解说得非常清楚:"后世借壓为压抑字,而壓之本义废;复借厭为厌弃字,而猒字亦废矣。"今天使用的简化字"厌"则完全不知所云。

三字关系既明,再来看古代中国的一种巫术:厌胜。《史记·高祖本纪》载:"秦始皇帝常曰'东南有天子气',于是因东游以厌之。""厌"是镇压之意。

《后汉书·清河孝王庆》载:汉章帝三子刘庆被立为太子,窦皇后十分不满,寻机构陷刘庆的生母宋贵人。有一次截获了宋贵人的家书,上写"病思生菟,令家求之",窦皇后如获至宝,"因诬言欲作蛊道祝诅,以菟为厌胜之术,日夜毁谮(zèn),贵人母子遂渐见疏"。

"菟(tù)"即菟丝子,是一种蔓生植物,子可入药,宋贵人生病,让家人求购,结果窦皇后诬蔑宋贵人以此为道具来行诅咒之事。

厌胜,意为使用诅咒的方法制胜、压服对自己有威胁的人或物,如此则"厌"为压服之意;不过也可以理解为战胜对方之后心满意足,则"厌"为饱食引申而来的满足之意。

# 若

## 女巫祈神完毕后跪着等待神灵的降示

莫敢不诺，鲁侯是若
——《诗经》

❶

❷

"若"这个汉字，今天使用最多的义项是当作副词，"好像"之意，等同于"如"。这个字的演变是一桩极为有趣的事件，而且"若"的字形本身也赏心悦目。

若，甲骨文字形❶，可以看得很清楚，中间的主体是一个面朝左跪踞的人形，两旁是两只手，上部是披散的头发。不过这个字形描绘的是一种什么样的状态，历代学者们却众说纷纭。

主流意见如罗振玉先生认为"'若'与'诺'一字，像人举手而跽足，乃像诺时巽顺之状"，意思是说这个人回答尊者或长者的召唤时，跪踞举手，表示恭敬顺服的样子；叶玉森认为"像一人跽而理发使顺形"，意思是说这个人跪踞，用双手梳拢、整理头发，使其柔顺，引申为恭敬顺服的样子。

若，金文字形❷，大同小异，几乎没有任何变化。已故著名学者姜亮夫先生在《楚辞通故》一书中如此解说：跪踞之姿乃"女性诸字之象也"，"则若者乃像女子，何为而散发？曰舞容也。舞容而散发，或以助舞姿，或以示崇敬。古舞所以乐神，天神地祇人先也。举世古初民族皆然，舞或于旷野人集之中，或于庙堂之上……凡女之舞与干戚之舞为对，干戚以杀伐刚健为主，女舞

则以柔顺要妙为事。即《诗》以来所谓'婆娑其舞'者矣,故若有柔顺之象,引申则一切柔顺皆可曰若"。

白川静先生则在《常用字解》一书中解释说:"象形,巫女披散长发,挥舞双手,边舞边祈祷,祈求得以进入'神托'(神附体示明神意)之境地……神灵附体,祈求神托的女巫进入痴狂状态,传达出神意。此种痴狂状态谓'若'。神灵昭示给女巫的意旨得以如实的传达,谓'若此'。依照神意而行事,'若'有依从、服从之义。祈求神托的女巫为年青女子,因此,'若'生出了年少、年轻之义。"

华东师范大学臧克和先生在《汉语文字与审美心理》一书中继承了姜亮夫和白川静两位前辈的观点,但解释得更清晰:"在殷人占卜过程中,上帝祖先神对于巫祝者的卜问、祈求等所作的答复曰'若'(诺)、'不若'(不诺)。就等于说,'若'为殷人与上帝祖先神之间信息沟通符号,在初取象,为巫者两手向上空舞动,(甚至披头散发)以传达进入降神事神、神我为一、施行巫术活动的情态。"

不过,甲骨文中的"舞"者皆为站立而舞,而"若"则皆为跪跽之形,因此"若"字形中的跪姿应该是指女巫祈神完毕,以跪跽之姿祈求并等待神灵的降示。《史记·孝武本纪》中记载的汉武帝时期的神女以"宛若"为名,能以神附体,就是这样的女巫。若,金文字形❸,左下角添加了一个"口",正是等待神灵承诺或者应诺神示的如实写照。

若,小篆字形❹,披散的长发讹变为草字头,导致字义全不可解,《说文解字》:"若,择菜也。从草右。右,手也。一曰杜若,香草。"意思是说用手去择菜,误会可谓大矣。

综上所述,"若"实为"诺"的本字,由祈求神灵承诺引申为顺服应答的样子。《诗经·鲁颂·閟宫》是一首歌颂鲁僖公文治武功的诗篇,其中有"莫敢不诺,鲁侯是若"的诗句,意思是说:蛮夷边国没有敢不应诺顺从的,这都是因为鲁侯之功,于是顺服。

"若"(诺)由此引申演变为古代男子对尊长呼召而应答的两种声音,即"唯"和"诺"。这就是成语"唯唯诺诺"的由来。《礼记·玉藻》篇中规定:"父命呼,唯而不诺。""唯"的应答之所以要比"诺"恭敬,是因为"诺"一般用于尊对卑的场合,正是呈跪姿的女巫等待神灵承诺的遗意。

# 示

## 用石块或木柱搭起的简易祭台

> 人之好我，示我周行 ——《诗经》

❶

"示"是最常用的汉字部首之一，以"示"为部首的汉字，都与祭祀鬼神及其引申而来的吉凶祸福的义项有关。

示，甲骨文字形 ❶，多数学者的意见认为这是一张祭桌或祭台的象形，正如谷衍奎先生在《汉字源流字典》中的总结："甲骨文像用两块石头搭起的简单祭台形，犹如现今农村的供桌或香台子，用以供奉神主，遂成神灵的象征。有的上加短横或旁加小点，表示祭洒之物。"

也就是说，这个字形下部的一竖和一横乃是或用石块或用木柱搭起的最简易的祭台，有的甲骨文字形还在这张简易祭台的上面添加了一横，另有的甲骨文字形在这张简易祭台的周围还添加了若干小点（甲骨文字形 ❷），都表示用来祭祀的祭品。

台湾学者许进雄先生则在《中国古代社会》一书中认为："甲骨文的'示'字，乃作某种有形的崇拜物形。我们虽不能正确得知'示'到底是什么东西，可知它大半就是人们想象的神灵寄居的地方，可能是个高而有平台的神坛。此'示'也比较可能是血亲神灵的栖息处，不是用来放置自然界的神灵。"

所谓"血亲神灵的栖息处",其实就是指祖先的神主,徐中舒先生在《甲骨文字典》中也是这样认为的:"像以木表或石柱为神主之形。"甲骨卜辞中屡有带数字的"示",徐中舒先生令人信服地解释说:"凡四示、五示、六示、九示、十示、十示又二、十示又四、廿示、廿示又三等,均为若干先王之集合庙主。"还有"示一牛"等甲骨卜辞,这是表示用一头牛作为祭品来祭祀祖先的神主。

丁山先生在《甲骨文所见氏族及其制度》一书中则"根据图腾祭的遗迹来说明示字本义",他认为"示"上面的一横或二横是上帝的象征,中间的一竖表示祭天杆,旁边的若干小点表示悬挂的彩帛,因此,"示字本义,就是设杆祭天的象征"。总之,也跟祭祀相关。

《说文解字》:"天垂象,见吉凶,所以示人也。从二。三垂,日、月、星也。观乎天文,以察时变。示,神事也。"这是许慎根据小篆字形所做的解说,把上面的"二"视作天,把下面的三垂视作日、月、星,观察日、月、星而领受的神灵的启示。这一解说不符合甲骨文字形的本义。

还有一说指"示"为地神。据《周礼》记载,周代有"大宗伯"一职,"掌建邦之天神、人鬼、地示之礼",郑玄注解说"示"乃是"祇(qí)"的本字,天神曰"神",地神曰"祇",中间的"人鬼"即指祖先神。

以上即为"示"这个汉字的造字过程,引申而指显现、指示等繁多的义项。《诗经·小雅·鹿鸣》第一节:"呦呦鹿鸣,食野之苹。我有嘉宾,鼓瑟吹笙。吹笙鼓簧,承筐是将。人之好我,示我周行。"孔颖达正义解释为"示我以至美之道",则"示"即指示之意。

这几句诗,马持盈先生的白话译文为:"鹿得了野苹,便呼鸣共食。我燕飨高贵的嘉宾,鼓瑟吹笙,欢聚共乐,捧筐送币,以侑酒食。嘉宾们对于我如此爱好,希望不吝指教,示我以大道。"

《左传·成公十三年》中写道:"国之大事,在祀与戎。祀有执膰,戎有受脤,神之大节也。""膰"是祭祀所用的烤肉,"脤"是祭祀所用的生肉,分别在祭祀祖先和战争的时候使用。祭祀的时候,这样的祭品一定要摆放在祭台之上,"示"就是最初的简易祭台。

# 尾

## 连同尾巴一起剥取的兽皮

鸟兽孳尾 ——《尚书》

❶

尾,从尸从毛。"尸"不是尸体之"屍",而是蹲踞或躺卧的人形,指代表死者受祭的活人。那么,人的后面怎么会拖着一条尾巴呢?这是一个妙趣横生的问题。

尾,甲骨文字形❶,看起来确实像一个人的屁股后面长了一条毛茸茸的尾巴。金文字形❷,人形和尾巴形都变得较为繁复,最下面的一横也许是增饰符号,也许表示地面。小篆字形❸,定型为上尸下毛的结构。

《说文解字》:"尾,微也。从倒毛在尸后。古人或饰系尾,西南夷亦然。"据《后汉书·南蛮西南夷列传》载:盘瓠之后"好五色衣服,制裁皆有尾形",哀牢夷"种人皆刻画其身,象龙文,衣皆着尾"。学者们多认为这一习俗乃是远古狩猎时代的遗存,猎人为了接近野兽,常常装扮成野兽的模样,进而发展为图腾或者巫术活动时的装饰物。中原地区文明大备之后,这一习俗就只见于西南夷了。

据考古发掘,青海大通县上孙家寨出土的舞蹈纹盆纹样和内蒙古阴山岩画中都有舞者饰尾的画面,似乎可印证上述观点。

不过,尾饰仅为巫术歌舞时的特定装扮,并非日常

❷

❸

生活所习见,而古人造字,"近取诸身,远取诸物",一定是日常生活中经常见到的事物或现象;再则甲骨文中的"僕(仆)"字后面也有一条尾饰,乃是奴隶的羞辱性身份标志,也属于特定装扮。因此古人用人后有尾饰的形象来造字的可能性微乎其微。

白川静先生在《常用字解》一书中则认为:"象形,尾巴伸直之走兽。《说文》认为西南夷民有身后佩戴穗状线饰的风俗,此态称'尾'。此说难以成立,应当认为'尾'非人之饰物,乃为动物之尾。"

王筠则提供了另一条思路。他认为上面的"尸"不是人形之"尸",而是从"尸"的"皮"的省写:"古人于禽兽言皮,故《传》曰:'譬之于禽兽,吾食其肉而寝处其皮矣。'于人言肤,故《孝经》曰:'身体发肤。'尾亦属禽兽,故字从皮省也。"

张舜徽先生在《说文解字约注》一书中赞同此说,并进行了详细的辨析:"上古田猎之世,得兽而剥取其全皮,皆留其尾。大至虎豹,小至鼬狸,靡不皆然。今猎人犹存此法,悬其皮而尾在下。尾字从倒毛在皮下,盖取象于此。尾于全皮中为最小,故古人多以微训尾。许君误以尸为人体之尸,遂傅会以饰系尾之说,失造字时本旨矣。"

这一观点最富说服力。细细观察"尾"的字形,上面的确更像兽皮之形,尤其是金文字形❷,说上面像人形十分勉强,倒更像剥取的带毛的兽皮。因此,"尾"的本义应为动物的尾巴,而不是人的尾饰。

"尾"还有一个非常奇特的引申义。《尚书·尧典》中有"鸟兽孳尾"一语,"孳(zī)"指怀胎而生,"交接曰尾",鸟兽昆虫的生殖器位于身体后部,因此其性行为即称"交尾"。

《新刻出像音注司马相如琴心记》第八折「私通侍者」插图
明代孙柚撰，明金陵唐氏富春堂刻本

孙柚（1540—1585后），明代戏曲作家，字梅锡，一作禹锡，号遂初、遂初山人，常熟人。少负异才，豪放不羁，善饮好客。居虞山北麓藤溪别业，纵情山水间。撰传奇二种，今存《琴心记》一种。

《琴心记》全名为《新刻出像音注司马相如琴心记》，全书四卷，四十四折，故事取材于《史记·司马相如列传》，描写司马相如"琴挑文君"的传奇故事。卓文君是临邛大富商卓王孙之女，好音律，新寡家居。司马相如过饮于卓氏，以琴挑之，文君夜奔相如，开启了一段曲折的爱情故事。

传说司马相如当时弹奏的琴歌名《凤求凰》，表达对卓文君的无限倾慕和热烈追求，中有"凰兮凰兮从我栖，得托孳尾永为妃。交情通意心和谐，中夜相从知者谁？"之句。"孳尾"指鸟兽雌雄交媾，前两句呼唤文君前来幽媾结合，后两句诱其连夜私奔，真可谓明目张胆。

# 异

❶　　　　❷　　　　❸

## 两臂伸开、大头骇人的鬼

> 日夕虚空里，时时闻异香
> ——储光羲

储光羲有诗："日夕虚空里，时时闻异香。"异香者，奇香也。《说文解字》："异，分也。从廾从畀。畀，予也。""畀"（bì）是给予的意思。许慎这是根据小篆字形而言，徐锴进一步解释道："将欲与物，先分异之也。"两位学者的解释跟"异"字最初的字形严重不符。

异，甲骨文字形❶，这是一个非常明显的人的样子，头、手、脚俱全，而且站立的姿势非常奇特。甲骨文字形❷，双手上举。金文字形❸，双腿叉开，双手举得更高，头部的笔画加粗，样子更加骇人。金文字形❹，双手护头。左民安先生认为这个字形是象形字，像用双手护住头的形状，因此"异"的本义是护翼。西周初期的青铜器大盂鼎上有这样的一句铭文："古天异临子。"意思是因此上天护佑后代。"异"和"翼"是通假字。但是"异"怎么由这个本义引申出如今最常用的"不同""奇特"的意思呢？却语焉不详。

许慎和徐锴没见过甲骨文和金文，释义的对象是小篆字形❺，因此望文生义。楷书繁体字形❻，直接从小篆而来。

白川静先生认为"异"是一个象形字，像两臂伸开、骇人的鬼形。鬼本来就是神秘异常的东西，再加上伸臂

❹　　　　　❺　　　　　❻　　　　　❼　　　　　❽

展现出可怕的样子,因此可以表示奇特、怪异、不同的意思。"異"字上部的"田"字跟"畏"上面的"田"字一样,可以从"畏"字来推出"異"的部分形状。畏,甲骨文字形❼,右边是一个大头鬼,左边是一只杖,鬼拿着杖子打人,会意为害怕的意思。金文字形❽,杖子变得更粗了,打在身上一定很疼。"畏"字的大头鬼的样子跟"異"字大头鬼的样子几乎一模一样,由此可以推断出"異"字也是一个跟鬼有关的象形字。所以我赞同白川静先生的字形分析,而区别、护翼等义项都是由此引申而来。

卫道士们所谓的"奇装异服",其实古已有之。《礼记·王制》规定:"作淫声、异服、奇技、奇器以疑众,杀。"儒家认为淫声、异服、奇技、奇器都是令百姓扰疑不定的东西,凡作此类怪异行为者,居然是都要杀掉!郑玄举例说明什么叫"异服":"异服,若聚鹬冠、琼弁也。""鹬(yù)冠"是以"鹬"这种鸟儿的羽毛作为装饰的冠,乃掌管天文的人所戴;"聚鹬冠"就是喜欢聚集通晓天文的人,为的是有所图谋。"琼弁"是一种用琼玉作为装饰的皮冠,乃大夫所戴。鹬冠、琼弁都不是先王规定的服饰,因此被视作"异服"。

晋代还有一件著名的"异服",叫雉头裘,用野鸡头上美丽的羽毛织成的皮衣。太医司马程据向晋武帝献上一件雉头裘,武帝认为这是国家典礼所禁的异服,因而焚之于殿前。明人李东阳对此举大加褒扬说:"中世以后,君臣之论议政事,古风尚存,乃有却千里马,焚雉头裘。"视之为革除浮华的风气之举。

# 贞

## 用鼎来占卜

> 凡国大贞，卜立君，卜大封 ——《周礼》

❶ ❷

贞，上"卜"下"贝"，为什么就可以表示坚贞、贞洁之意？这是一个有趣的疑问。在甲骨文和金文中，"贞"字出现的频率非常之高，可见"贞"在古人日常生活中的重要地位。

"贞"的繁体字是"貞"，甲骨文字形❶和❷，很显然这是一只鼎的象形，也就是说，"鼎"和"贞"本为一字，正如徐中舒先生在《甲骨文字典》中的总结："本像鼎形，卜辞中常借以表示卜问之义。"鼎形与"贝"形近，因此误鼎为"贝"，才有了这个从贝的"貞"字。

贞，甲骨文字形❸，在鼎上添加了一个"卜"。白川静先生在《常用字解》一书中解释说："'貝'原表示'鼎'。'貞'义示使用鼎占卜，咨询神意。其方法当为根据鼎中牺牲的情况来占卜吉凶。人们相信，占卜（贞卜）得出的结论正确、吉利、可信。"

贞，金文字形❹和❺，下面鼎足的形状栩栩如生。到了小篆字形❻，鼎身和鼎足讹变为"貝"，从此定型为上"卜"下"貝"。

《说文解字》："贞，卜问也。从卜，贝以为贽。一曰鼎省声。""贽（zhì）"是礼物，许慎误鼎形为表示财货的"贝"，因此而释义为占卜时敬献给神灵的供

❸ ❹ ❺ ❻

品，这是错误的。

韩国学者河永三在《"贞""真"同源考》一文中详细梳理了"贞"的造字过程及其与"真"字的关系："'贞'字从'鼎'字分化，其义也与'鼎'有密切联系……占卜时以火炬燺（shào）之钻凿，则会有直线的兆痕，从而有了'直'，之后再引申为'端正'、'贞节'之义。因此'贞'字在甲骨文用于卜问之义，把主持那种仪式的人称作'贞人'……'真'字的字源和'真理'的根源，就可以追溯到询问神的意志、根据神的意志而判断和确定之义的'贞'字上去。因此，我们认为指占卜行为而言的'贞'也可以解释为'正'，就是'是、对'之义。至于与'贞'通用的'鼎'，因为鼎总是用于询问神的意志而跟从神的意志判断和确定的占卜仪式，因此利用仪式所用的重要器物——'鼎'来强调占卜之义……另外，占卜行为（贞）就是通过占卜者（贞人）而把神的意志揭露出来；通过'贞人'的口述和记录，神的意志也确定下来，从而能向人世间传达。"这一解说把"贞"的本义和引申义阐述得非常清晰。

据《周礼》记载，周代有"大卜"一职，职责之一是："凡国大贞，卜立君，卜大封，则眡高作龟。"东汉学者郑众注解说："贞，问也。国有大疑，问于蓍龟。"郑玄注解说："贞之为问，问于正者，必先正之，乃从问焉。"也就是说，"大贞"的意思是：当国家有重大的疑难问题时，要先诚心正意，然后占卜。

"立君"指立嗣君,"大封"指边境遭到侵略。这两件事即重大的疑难问题。"眡(shì)"指察看,在龟甲最高之处烧灼出裂纹,然后仔细察看兆纹,以判断吉凶。

《春秋谷梁传·襄公三十年》记载了一个悲惨的故事:"伯姬之舍失火,左右曰:'夫人少辟火乎?'伯姬曰:'妇人之义,傅母不在,宵不下堂。'左右又曰:'夫人少辟火乎?'伯姬曰:'妇人之义,保母不在,宵不下堂。'遂逮乎火而死。"

伯姬是宋共公的遗孀。这一天宫室失火,左右劝伯姬避火,伯姬却说:"傅母不在,夜不下堂。""傅母"指女师,即负责辅导贵族子女的老年妇人。按照礼制,傅母在,贵族女子才能跟从她下堂。傅母来后,伯姬又说:"保母不在,夜不下堂。""保母"由年五十无子、归母家不再嫁的妇人担任,伯姬此时已经六十多岁,可想而知保母早已去世。伯姬以寡妇之身,不愿深夜下堂出门,以至烧死,可谓愚昧至极。

针对伯姬的行为,《春秋谷梁传》表扬说:"妇人以贞为行者也,伯姬之妇道尽矣。"而《左传》却加以批评:"宋共姬,女而不妇。女待人,妇义事也。"未嫁之女应该等待傅母和保母,而已嫁之妇则应该便宜行事。两家学说可谓针锋相对。"贞"特指妇女严格遵守妇道之礼教,自此始。

## 祭祀土地神祈求多产谷子

*曲径通幽处，禅房花木深　——常建*

❶

"禅"最初的读音为 shàn，现在除了"禅让"一词之外一律读作 chán，这是古今"禅"字读音最大的区别。"禅"最初的字形跟现在也不一样，而是写作"墠"，意思是指经过除草整治的郊野平地。后来为了神化这个字，将"土"字旁改为表示祭祀的"示"字旁，才演变成"禅"字。

古人为什么要神化"禅"字呢？《说文解字》："禅，祭天也。"原来古代国君举行祭祀大典的时候，"筑土曰封，除地曰禅"，这就是古代的封禅大典：在泰山上筑土为坛，报天之功，称"封"；在泰山下的梁父山上辟场祭地，报地之德，称"禅"。"封"是增高祭天，故筑土堆成祭坛；"禅"是加广祭地，故除草整治土地。"封禅"合称祭祀天地之礼。

禅，小篆字形 ❶，这显然是一个形声字，从示单声。但我们看它的另一个篆体字形 ❷，右边是"亶（dǎn）"，意思是多谷，左边表示祭祀，祭祀土地才能多产谷子，因此它又是一个会意字。

春秋时期，齐桓公称霸后，想效仿上古帝王封禅泰山，国相管仲阻止了他，声称上古帝王封禅泰山都出现了很

❷

多祥瑞，比如东海进贡的比目鱼，西海进贡的比翼鸟，可是如今什么祥瑞都没有，凤凰、麒麟没有降临，田地里没有出产嘉谷，反倒是蓬蒿、杂草茂盛，鸱鸮等恶鸟现身，这种情况表明您显然还没有被授以天命，怎么可能封禅呢？这一番危言耸听的话，迫使齐桓公打消了封禅的念头。

秦始皇统一天下，登基后第三年，也开始效仿上古帝王到泰山封禅。据《史记》记载："上自泰山阳至巅，立石颂秦始皇帝德，明其得封也；从阴道下，禅于梁父。"这是第一次有史记载的封禅记录，但具体的祭祀之礼如何，秦始皇却秘藏起来，大概是怕后来的帝王得知，也效仿他的行为封禅，那就减弱了"始皇帝"的威风了。即使如此，后世帝王还是效仿秦始皇，频频登上泰山封禅。

因为封禅是帝王之举，"禅"后来就引申出让位的意思，称作"禅让"，比如尧将帝位禅让给舜，舜又将帝位禅让给禹，禹死前却将帝位传给了儿子。禅让制的结束，正式开始了"家天下"的历史进程。

至于今天的"禅"（chán）字，是表示与佛教有关的事物，跟古代的祭祀土地之礼已经没有任何关系了。比如唐代诗人常建的名句："曲径通幽处，禅房花木深。""禅"是梵语音译"禅那"的简称，禅那意译为禅定，是佛教禅宗的六种修行方法之一。一心审考为禅，息虑凝心为定。佛教修行者以为静坐敛心，专注一境，久之达到身心安稳、观照明净的境地，即为禅定。禅宗之名则起始于唐代，始祖为天竺高僧达摩，传四世而到五祖弘忍，弘忍之后分化为南宗慧能的顿悟说和北宗神秀的渐悟说，其中以顿悟说流传最广，主张不立文字，直指人心，顿悟成佛。中晚唐之后成为汉传佛教的主流，后来更传入世界各地。

《酒中八仙图卷》（局部）

明清佚名绘，绢本设色长卷，美国大都会艺术博物馆藏

此画又称"饮中八仙图"，根据杜甫《饮中八仙歌》创作，图中醉八仙依序为：李适之、贺知章、汝阳王李琎、崔宗之、苏晋、李白、张旭、焦遂。历代绘画名家都喜好以杜甫《饮中八仙歌》入画，尤其是明清画家。本卷特色是纯粹的人物图卷，无山水庭园背景，着力刻画人物举止情态，突出每位酒仙的个性。

这一段绘的是苏晋和李白二仙，每位酒仙上首题写相应诗句。杜甫咏苏晋说："苏晋长斋绣佛前，醉中往往爱逃禅。"苏晋是开元进士，曾任户部和吏部侍郎，信佛。"逃禅"指逃出禅戒，佛家戒饮酒，苏晋却嗜酒，故曰"逃禅"。苏晋一面耽禅，长斋礼佛，一面又嗜饮，经常处于"斋"与"醉"的矛盾中。画面上的苏晋并未醉酒，而是于蒲团上斋戒礼佛，合十垂目，显得甚为虔诚。但"醉中往往爱逃禅"，估计还是"酒"战胜"佛"时居多。

# 服

## 按压跪着的人牲，用他的血祭祀

> 有事，弟子服其劳
> ——《论语》

❶

❷

"服侍"是侍奉别人，"衣服"是穿在身上的，这两个词为什么都使用同一个"服"字呢？"服"是一个非常有意思的汉字，它的本义到底是什么，学者们争论颇多。

服，甲骨文字形❶，很显然这是一个会意字，共有三个字符组成。中间是一个半跪着的人，右边是一只手，左边是什么呢？大部分学者都认为这是一个盘子，整个字形会意为一个人驱使着另一个人捧着盘子，去侍奉别人。这种解释很牵强，侍奉别人可以使用的器具很多，为什么单单突出盘子呢？

白川静先生说："'盘'为仪式时使用的礼器。盘前举行某种仪式，谓'服'，很可能是降服的仪式。降服仪式完了后，授与降服者某种服属之职，从事此职务称'服事'。"这个观点极富启发性，虽然仍属猜想，因为他并没有举出使用"盘"举行降服仪式的实例。这让我想起古代盟会时使用的"珠盘玉敦"。珠盘和玉敦都是饰以珠玉的精美的玉器，盟会时用珠盘盛牛耳，玉敦盛牛血，然后歃血盟誓。商代有用活人祭祀的制度，称作人牲，来源是战争中的俘虏。"服"字形中半跪着的人就是用作祭祀的人牲，珠盘中盛的是人牲之血，

❸

❹

因此这个字形很可能是用人牲献祭的如实写照。

服，金文字形❷，左边盘子的形状有些变形，变得像"舟"。金文字形❸，左边的盘子更像"舟"。小篆字形❹，紧承金文字形而来，完全失去了甲骨文字形中盘子的形状。楷体字形又将"舟"讹变为"月"。

《说文解字》："服，用也。一曰车右騑，所以舟旋。"古时驾车一辕四马，中间夹辕的两匹马叫"服马"，两边的两匹马叫"騑马"或"骖马"。许慎所释为引申义。南宋学者戴侗说："服，小舟附大舟者也。"清代学者朱骏声则说："服字本义，舟两旁夹木也。"这种解释完全无视手按压半跪着的人这个形象，因此是错误的，"服"的本义正如上述，乃是降服或者祭祀的仪式。战争中的俘虏也用作奴隶，因此"服"引申为服侍、侍奉、从事等义项。孔子在《论语》中说"有事，弟子服其劳"，有事情的时候，由弟子奔走操劳，这个"服"即从事的意思。

据《尚书·酒诰》记载，商代有内外服的制度，所谓"外服"，是指京都以外的边远之地，由近及远分别称侯、甸、男、卫、邦伯；所谓"内服"，是指王畿以内的地方，由商王直接管辖。徐中舒先生认为"卫服是镇压奴隶的军事贵族，甸服是被俘虏来的生产奴隶"，由此也可证明"服"的本义就是从战争中的俘虏而来，引申而指内外服都是服事天子之意。

而"服"用作衣服之称，无非是形容衣服乃为人服务，已属于远引申义了。

# 宗

## 屋子里面供奉神主的祭台

既燕于宗，福禄攸降 ——《诗经》

　　宗法制度是维系中国古代社会的等级制度。宗法，即祖宗之法，王力先生总结说"是以家族为中心、根据血统远近区分嫡庶亲疏的一种等级制度"。中国人在对待谁是祖宗的问题上非常严肃，那么"祖"和"宗"有什么区别？宗法制度的核心又是什么呢？

　　宗，甲骨文字形❶，这是一个会意字，上面是屋顶，下面是用两块石头或木条简单搭起的T形祭台。甲骨文字形❷，T形祭台上添加了一横，表示供献的祭品。金文字形❸和❹，下面变成了"示"，汉字中凡是从"示"的，都与祭祀有关。小篆字形❺，没有任何变化。

　　《说文解字》："宗，尊祖庙也。""宗"的本义就是祖庙。段玉裁认为"示谓神也"，这个解释不完全正确。清代学者王筠说："宀示者，室中之神也。天神地祇，坛而不屋，人鬼则于庙中祭之。"天神和地神只立坛祭祀而不供奉在室内，供奉在室内的是所谓"人鬼"，即死者的灵魂。那么，"宗"的甲骨文字形中的T形祭台或金文字形中的"示"，就是供奉的神主之形，神主是石制或木制的供奉祖先的牌位。班固在《白虎通义》中写道："宗者何谓也？宗，尊也，为先祖主也，宗人之所尊也。""先祖主"即先祖的神主。

❸ ❹ ❺

至于"祖"和"宗"的区别,张舜徽先生说:"盖单言之,祖即宗耳,一语之转也。今俗连言之,则曰祖宗。盖宗之言总也,谓聚合祖先而祀之之处也。故古称同祖曰宗,父之党为宗族。"意思很明白,"祖"指始祖或先祖,同一始祖或先祖称"宗"。《左传·襄公十二年》载:"凡诸侯之丧,异姓临于外,同姓于宗庙,同宗于祖庙,同族于祢庙。"诸侯死后,异姓的吊丧者只能在城外,同姓才可以在宗庙吊丧。同宗即同一始祖或先祖者在祖庙吊丧;祢(mí)庙即父庙,同族指高祖以下,高祖以下的同族者必须在父庙吊丧。

宗法制度还有大宗、小宗之分。嫡长子孙这一系是大宗,其余的子孙是小宗。王力先生说:"在宗法上,大宗比小宗为尊,嫡长子比其余诸子为尊。嫡长子被认为是继承始祖的,称为宗子。只有宗子才有主祭始祖的特权,才能继承特别多的财产,应该受到小宗的尊敬。"这就是大宗和小宗的区别,因此"小宗可以绝,大宗不可绝"。

《诗经·凫鹥》是一首祭祀后宴饮的诗篇,"凫(fú)"是水鸟,"鹥(yī)"是鸥鸟。诗中吟咏道:"凫鹥在潨,公尸来燕来宗,既燕于宗,福禄攸降。""潨(cóng)"指小水流入大水的交会处;"公尸"指天子祭祀时代表被祭的神灵而受祭的活人,天子祭祀,以卿为受祭的活人,故称"公尸";"燕"通"宴",宴饮。祭祀之后,为了表示酬谢,周天子在宗庙宴饮公尸,希望他代表神灵多吃一点,以便降下福禄。"来燕来宗,既燕于宗",就是指在宗庙里举行的宴饮。

《诗经·周颂·清庙之什图卷·清庙》

(传)南宋马和之绘,赵构书,绢本设色长卷,辽宁省博物馆藏

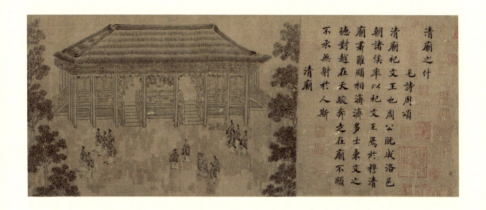

此卷取材于《诗经·周颂》,描绘《清庙之什》十篇诗意,右书左图,各幅相间,传为马和之所绘,研究者认为应属画院中人所作。

《清庙》一篇作为本卷的开头,画面和主题均隆重庄严。诗曰:"于穆清庙,肃雍显相。济济多士,秉文之德。对越在天,骏奔走在庙。不显不承,无射于人斯。"这是《周颂》的第一篇,即所谓"颂之始"。

《毛诗序》曰:"《清庙》,祀文王也。周公既成洛邑,朝诸侯,率以祀文王也。"郑玄笺曰:"清庙者,祭有清明之德者之宫也,谓祭文王也。天德清明,文王象焉,故祭之而歌此诗也。庙之言貌也,死者精神不可得而见,但以生时之居,立宫室象貌为之耳。"清庙即古代帝王的宗庙。洛邑告成,天下太平,周公遂作此乐歌,率诸侯群臣于宗庙告祭周文王,标志着周代宗法制的确立。

❶ ❷

## 焚烧捆扎的木柴来祭天

兆五帝于四郊 ——《周礼》

皇帝、上帝，这是今天的人们理解的"帝"的含义。"帝"为什么可用来表示人间或宇宙间至高无上的人或神呢？我们来看看"帝"这个字是怎么造出来的。

帝，甲骨文字形 ❶，这是一个象形字，中间是三根木柴，拦腰的一长横两短竖表示将木柴捆扎起来，最上面的一横代表天。这个字形是古人祭天的形象写照，即所谓"禘祭"，在郊外燔柴祭天。《仪礼·觐礼》中规定："祭天，燔柴。"《尔雅·释天》中也说："祭天曰燔柴。"郭璞解释说："既祭，积薪烧之。"邢昺解释得更加详细："祭天之礼，积柴以实牲体玉帛而燔之，使烟气之臭上达于天，因名祭天曰燔柴也。"按照这种说法，积柴是为了焚烧用作牺牲的动物的躯体和玉器、丝织品，烟气上达于天，以此祭天。

郑樵在《通志·六书略》中认为"帝，像华蒂之形"，"华蒂"即"花蒂"。清代学者吴大澂进一步发挥道："蒂落而成果，即草木之所由生，枝叶之所由发，生物之始。""帝"由此引申为万物之祖。有的学者更由此进一步认为"帝"像女性生殖器之形，因此而成为万物之始。但是这些解释跟"帝"的字形差距太大。

帝，甲骨文字形 ❷，字形更规整，最上面用两横代

❸　　　　　❹　　　　　❺　　　　　❻

表天。白川静先生认为这是祭桌之形："祭桌上摆放供神的酒食。一般的祭桌为'示'，祭祀天帝的大型祭桌桌脚交叉，抓地稳定。摆放大型祭桌进行祭祀，谓'帝'，亦指天神。"这个解释不符合"禘祭"的祭祀方式。

帝，甲骨文字形❸，中间拦腰的捆扎之形变成了长方的口形。张舜徽先生就是根据这个字形认为中间的长方口形"像日之光芒四射状"，并引《易经》"帝出乎震"，解释说"震谓东方，帝即日也"，又说："其后人群有统治者出，初民即拟之于日，故以帝称之。"这个解释忽略了"帝"字形中的木柴之形。

帝，金文字形❹，大同小异。金文字形❺，字形开始美观起来，但同时也开始变形，为小篆字形❻打下了基础。

《说文解字》："帝，谛也，王天下之号也。""谛"是细察之意，许慎的意思是说明察秋毫方能王天下，故以为号。这个解释当然不符合"帝"燔柴祭天的本义。

徐中舒先生说："禘祭初为殷人祭天及自然神、四方之祭，其后亦禘祭先公先王。"据《周礼》记载，周代有小宗伯一职，职责之一是"兆五帝于四郊"，五帝指苍帝、赤帝、炎帝、黄帝、黑帝，"兆"是"为坛之营域"，在四郊设置的祭坛。小宗伯负责设置祭坛，燔柴祭祀五帝，这正是祭祀自然神以及四方之祭的真实写照，后来才引申为商王的专用称号，并进一步成为人间帝王的称号。

## 半跪拜的柔顺的妇女

震惊百里，不丧匕鬯 ——《周易》

❶

《说文解字》："匕，相与比叙也。从反人。匕亦所以用比取饭，一名柶。""柶"是呈扁条形、两头宽而内翻的取饭器。据此则"匕"有两个义项，一是"从反人"，一是像勺子一样的取饭器。

先让我们来看看"匕"字的本义。古代中国的先民们把雄性动物称为"牡"，把雌性动物称为"牝（pìn）"，那么为什么"牡"和"牝"都是"牛"字旁呢？

事实上，在甲骨卜辞中，"牡"和"牝"并不仅仅用来指代公牛和母牛，而是可以泛指一切动物。从甲骨文中可以清晰地看出，凡表示雄性动物的"牡"，都有一竖一横的"⊥"字符；凡表示雌性动物的"牝"，都有或正或反的"匕"字符。那么，这两个字符为什么能够表示雄性或雌性呢？这就是我们要讲解的在汉字历史上古今中外的学者们聚讼纷纭的有趣公案。

匕，甲骨文字形 ❶，这就是许慎所说的"从反人"，即背向的人形。徐中舒先生在《甲骨文字典》中解释说："像人鞠躬或匍伏之侧形。"实际上，这是一位柔顺的妇女的形象，进入父系社会之后，妇女的地位低下，因此就用半跪拜的字形来指代妇女。或者也可以这样理解：

❷　　　　　　　　❸

商代人专门造了这个字来指称先祖的配偶。先祖称"祖某",先祖的配偶就相应地称"匕某";后来"匕"专用以指代雌性动物的"牝",于是才又造了一个"妣"字代替"匕"来称呼先祖的配偶。

匕,金文字形❷,小篆字形❸,都大同小异。"匕"之所以能够指称雌性动物,就是从先祖的配偶这一专称引申而来。

但是甲骨文大家郭沫若先生在名作《释祖妣》中却将这个字形看作"匕柶字之引伸,盖以牝器似匕,故以匕为妣若牝也"。他认为女性生殖器的形状像勺子,因此才用"匕"字作为女性的代称!郭沫若的观点影响了一大批学者,但我们从"匕"的甲骨文字形中哪里能够看得出女性生殖器的形状!更重要的证据是,考古发掘的"匕"的实物跟女性生殖器也毫无相像之处。

"匕(牝)"字既明,再来看相对应的"牡"。既然"匕"并非女性生殖器的象形,那么"⊥"字符当然也就不可能是男性生殖器的象形。包括王国维、林义光等在内的著名学者都把这个"⊥"字符看作"士","士"是男子的美称,因此引申用来指称雄性动物。但"士"的甲骨文字形却从未写成"⊥"。

实际上,"⊥"字符还就是"牡"中的"土"字。在甲骨卜辞中,"土"不仅代表土地,还是"社"的初文,即土地神。在父系社会中,先祖毫无疑问指男性祖先,土地神也毫无疑问指男性神,在内祭祀的是先祖,在外祭祀的是土地神，因此"祖"和"社"都可以指称男性，正如郭沫若所说："土为古社字，祀于内者为祖，祀于外者为社，祖与社二而一者也。"

因此，就像殷人称先祖为"祖某"一样，"⊥（土）"作为一个非常简略的字符，同样可以指称男性；当"祖"用来指称人类的先祖之后，与之同质的"土（社）"就分化出来指称雄性动物。这就是"牡"和"牝"指代雄性和雌性动物的由来。

至于把"匕"释义为食器，乃是因为"妣"之初文"匕"与汤勺之"匕"的字形十分相像。晚清文字学家王筠正确地辨析道："反人则会意，柶则象形，断不能反人而为柶也。乃许君合为一者，流传既久，字形同也。"

但"匕"作为食器的错误释义却就此流传了下来。《周易》中有"震惊百里，不丧匕鬯"之语，意思就是：公侯封地百里，这是形容公侯的权威要能震慑百里的封地，方才能够供奉宗庙，守卫"匕"和鬯酒这两种最重要的祭祀用品而不会失去。

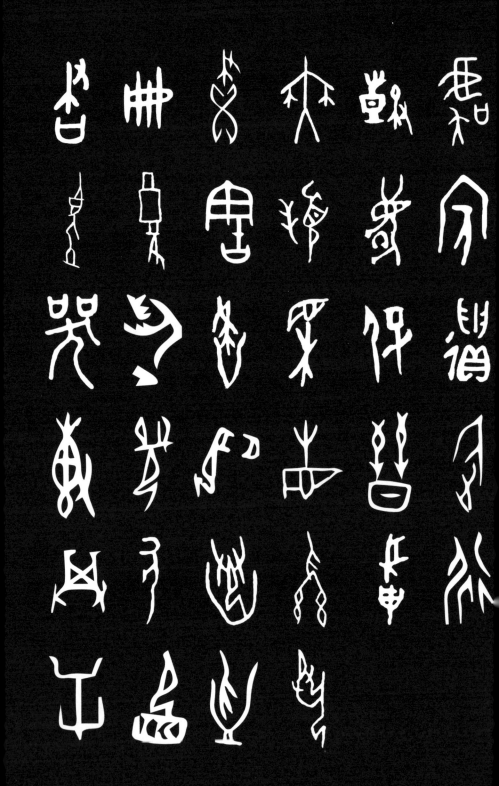

# 民俗篇

# 书

## 一只手拿着笔书写

书香剑气俱寥落，虚老乾坤父母身
——林景熙

书，甲骨文字形❶，这是一个会意字，右上方是一只手，手拿着一支笔，下面表示书写的器物或者书写的载体。《说文解字》："书，著也。"因此"书"字的本义就是书写。金文字形❷，上面还是一支笔，下面变成了"者"，这样就变成了一个形声字，"者"表声，"者"和"著"音近，因此也兼有表意的作用。小篆字形❸，与金文相似。楷书繁体字形❹，下面的"者"省写成了"曰"。简化后的字体完全看不出造字的原意了。

《周易·系辞》："上古结绳而治，后世圣人易之以书契"。书指文字，契是刻木而在上面书写。许慎在《说文解字》序中说："仓颉之初作书，盖依类象形，故谓之文；其后形声相益，即谓之字。……著于竹帛谓之书。"竹帛指竹简和白绢，是纸张发明之前使用的书写工具。在竹简上书写，竹简编为册，故有"史册"之称；写错了要用刀削去重写，故有"刀笔"之称。写在绢类丝织品上的其实就叫"纸"，"依书长短随事裁之，名曰幡纸"。后来东汉蔡伦造出的纸就叫"蔡侯纸"。

古人根据汉字结构和使用方法归纳出造字的六种条例，称"六书"。周代时已经有了"六书"其名，东汉

❸

❹

时定名为：象形、会意、转注、处事（即指事）、假借、谐声（即形声）。至许慎《说文解字》定型后一直使用到今天。

秦始皇统一中国，"车同轨，书同文"，废除不符合秦文的六国文字，定书体为八体："一曰大篆，二曰小篆，三曰刻符，四曰虫书，五曰摹印，六曰署书，七曰殳书，八曰隶书。"大篆是周宣王时太史籀所写的十五篇文字，根据他的名字称作"籀文"，秦时称为大篆，以与小篆相区别；小篆是秦时李斯、赵高等人根据大篆省改而成，又称秦篆；刻符是指刻在符节上的字体；虫书是像鸟虫形状的字体，专用于题表官号以为符信的旗帜上，大概也有装饰作用；摹印就小篆而稍加变化，用于玺印和一般印章，印材大小不一，因此写刻之前必须先行规划，故称"摹印"；署书是写在缄封的文件或匾额上的字体；殳书的"殳"（shū）是一种用竹或木制成的兵器，殳书就是刻在兵器上的文字；隶书由篆书简化演变而成，把篆书圆转的笔画变成方折，改象形为笔画化，以便书写。大篆、小篆、虫书、隶书是四种字体，其余四种是这四种字体的用途。"八体"之后又有楷书，系由隶书演变而成，形体方正，笔画平直，可作楷模，故名楷书，始于东汉，通行至今不衰。

南宋诗人林景熙有诗："书香剑气俱寥落，虚老乾坤父母身。"印刷术发明之后，始有"书香"一词，但书籍是用墨印出来的，墨有一种刺鼻的气味，怎么谈得上"书香"？原来，古人为了防止书中的蠹虫损坏书籍，往往要在书籍里面夹上几片香草。这种香草叫芸,也叫芸香,花叶香气浓郁芬芳,可驱蠹虫。因此之故,古代读书人用"芸帙""芸编"指代书籍,用"芸窗""芸馆"指代书斋,甚至国家图书馆也命名为"芸台",负责管理图书、校勘书籍、订正讹误的校书郎雅称为"芸香吏",都是从这个"芸香"而来。唐朝大诗人白居易就当过"芸香吏",他曾在诗中写道:"一作芸香吏,三见牡丹开。"可惜如今书籍防蛀的用药变成了气味古怪的樟脑丸,古人那种一杯茶,一本书,茶香、书香交相融合的闲适生活再也无从寻觅了。

《仕女图》

明代佚名绘,绢本设色,美国大都会艺术博物馆藏

此图无款,出自一组明人绘小型册页。图绘两位佳人在庭院或花园中看书赏景。庭中春色融融,树梢有梅花或杏花点缀,地上草竹葱郁。一着红襦女子手执书卷,正借着春光展卷阅读,另一女子手执团扇,微笑注目。二女衣着精致,面容秀美,身形袅娜,应是大户人家闺秀。明媚春景与红袖书香相得益彰,不知背后有何故事呢?

❶

❷

## 中有横木、夯打入地的栅栏

抛掷功名还史册，分张欢乐与交亲 ——白居易

白居易有诗："抛掷功名还史册，分张欢乐与交亲。"史书又叫史册，"册"可不同于今天的书册，让我们来看看这个字的演变。

册，甲骨文字形❶，这是一个象形字，四竖代表书写、记事的竹简，横着的椭圆形是将竹简串联起来的皮绳。甲骨文字形❷，竹简变成了五竖。金文字形❸，变得更加美观。金文字形❹，皮绳从中间竖着分开，各串各的。这是通常的解释，但是不管是甲骨文还是金文，中间的四竖或五竖长短不一，而书写用的竹简应该经过处理，整齐划一才对，徐中舒先生就说："然汉墓出土简册之形制，皆由大小长短相同之札编结而成，并非一长一短。"因此"册"像串联起来的竹简之形似乎不太有说服力。那么它到底像什么呢？

我认同白川静先生的解说。他认为"册"是"栅"的初文，这个字形多么像夯打入地的栅栏！四根或五根立木长短不齐，栅栏或篱笆的形状不正是这样吗？中间的椭圆形或长方形是横木，金文字形❹中，栅栏从中间分开，开了一道门。这种解释最有说服力的是金文字形❺，栅栏从中间分开，里面有一只很像猪的动物。这

❸　　　　　❹　　　　　❺　　　　　❻

是用栅栏将用作祭祀的动物关起来的牛羊猪之圈。小篆字形❻，紧承甲骨文和金文字形而来。

《说文解字》："册，符命也，诸侯进受于王者也。象其札，一长一短，中有二编之形。""册"的本义就是书简。据蔡邕说，"册"的形制"长二尺，短者半之；其次一长一短，两编"，"两编"是用两根皮绳扎起来，倒也跟"册"字的各种字形符合，尤其是小篆字形，"两编"的捆扎形状非常鲜明。就像甲骨文是刻在甲骨上的卜辞一样，最早的"册"也是用来祭祀或者向神祷告的。把祭告天地宗庙的祝词或告神之言书写在"册"上，诵读以向神祝告，这叫"册祝"。

"册"既为"诸侯进受于王者也"，那么帝王用于册立、封赠等事的诏书就称作"册书"。《新唐书》这样解释"册书"："……册书，立皇后、皇太子，封诸王，临轩册命则用之。"明代学者徐师曾更是将"册书"分为十一类：一曰祝册，郊祀祭享用之，祭祀的时候使用；二曰玉册，用玉简制成，上尊号用之，为皇帝上尊号的时候使用；三曰立册，立帝、立后、立太子用之；四曰封册，封诸王用之；五曰哀册，迁梓宫及太子、诸大臣薨逝用之，迁皇帝、皇后的棺木或者太子、诸大臣去世时使用，颂扬他们生前的功德；六曰赠册，赠号、赠官用之；七曰谥册，上谥、赐谥用之，谥号是皇帝或大臣死后所加的带有褒贬含义的称号，比如殷商的末代君王帝辛，谥号为"纣"，"残义损善曰纣"，是贬义；八曰赠谥册，赠官并赐谥用之；九曰祭册，赐大臣祭用之；十曰赐册，报赐臣下用之；十一曰免册，罢免大臣用之。

从宋代开始，为征派赋役和保护土地所有权而编造的土地登记簿册，上书土地主人的名字和田亩的尺寸，因所绘田亩依次排列，状如鱼鳞，故称"鱼鳞图册"，一直沿用到清代。佛经也可称"册"，贝多罗树的树叶呈扇状，叶面平滑坚实，经水浸洗后可以当纸用，古代印度人就用它来书写佛经，因此佛经又称"梵册贝叶"，实在是一个非常美丽的代称。

# 画

## 用手持笔画出田界

芒芒禹迹,画为九州 ——《左传》

❶　　　　❷

《左传·襄公四年》:"芒芒禹迹,画为九州。"大禹治水,足迹踏遍了中国的疆域,也因此将中国划分为九州。这里的"画"是划分之意。"画"的繁体字形是"畫",是个很复杂的汉字,我们来看看它是怎么演变成今天的样子的。

画,甲骨文字形❶,这是一个会意字,上面是一只手拿着笔,下面花纹状的图案,有人认为就是单纯的图案,会意为以手画图。金文字形❷,紧承甲骨文字形而来,手握的显然不是刻刀,而是竹管之类的书写工具。下面的花纹状图案更加圆润,显示此时的书写工具已经非常柔软,这是将毛绑在竹管上才能画得出来的。这个图案很像一种符号。

画,金文字形❸,下面是一块田地,中间的四个黑点代表庄稼。由这样的演变看来,甲骨文字形中的花纹状图案很有可能是在图纸上画出的田界的符号。金文字形❹,下面是"田","田"上面向下弯曲的弧状符号表示田界。金文字形❺,"田"下面又添加了一个口形,代表田地所在的城邑。小篆字形❻,紧承金文字形而来。

《说文解字》:"画,界也。象田四界,聿所以画

❸ ❹ ❺ ❻

之。"许慎的释义非常符合甲骨文和金文字形。张舜徽先生曾发出这样的疑问:"田地之界,岂可以笔画之乎?"这就未免太过拘泥,古人完全可以先用笔在图纸上画出田界,再去田里进行具体的画界工作。"芒芒禹迹,画为九州",正是"画"的本义,将中国的疆域画界而为九州。

"画"由此引申为以彩画或图案作装饰,比如古诗中常常出现的"画烛",是指有彩饰的蜡烛,"画堂"则指装饰有彩绘的殿堂。再举一个有趣的例子。《礼记·丧大记》中规定:"饰棺,君……黼翣二,黻翣二,画翣二"。从士阶层到天子的棺木都有装饰,称作"棺饰",又叫"翣(shà)"。黼(fǔ)翣是绣有黑白相间花纹的棺饰,黻(fú)翣是绣有青黑相间花纹的棺饰,画翣则是绣有彩色花纹的棺饰。这三种棺饰,天子的棺木上要各覆两个,可以想象是多么的华丽!

"画"还有一个鲜为人知的义项:停止。田界之所以叫"界",那就一定会有边界,至边界而止,"画"因此引申为停止。《论语·雍也》:"冉求曰:'非不悦子之道,力不足也。'子曰:'力不足者,中道而废,今汝画。'"孔安国解释说:"画,止也。力不足者,当中道而废,今汝自止耳,非力极。"意思是孔子责怪冉求不是因为能力不足才半途而废,而是因为不爱学习的缘故。

"画地为牢"这个成语如今常与"故步自封"连用,比喻自我设限,当然是一个贬义词。但是在司马迁的名作《报任安书》中,给出了这个成语的原意:"士有画地为牢势不入,削木为吏议不对,定计于鲜也。"画地而为牢狱,节操之士绝不肯进去;刻木而为狱吏,节操之士绝不会受其审讯,他们的态度非常鲜明。

为什么要画地为牢、削木为吏呢?这是因为在风俗淳朴的时代,法令宽松,只需画地为牢、削木为吏就可以治理好国家,而不需要建立真正的监狱,设置凶恶的狱吏。宋元话本小说《武王伐纣平话》中颂扬周文王"画地为牢,刻木为吏,治政恤民,囹圄皆空",就是这一制度的生动写照。

# 舞

## 舞者两手执鸟羽而舞

我歌月徘徊，我舞影零乱 ——李白

❶

❷

古人把音乐和舞蹈都跟德行联系起来。《礼记·乐记》载："故其治民劳者，其舞行缀远；其治民逸者，其舞行缀短。故观其舞，知其德"。意思是：使民众辛劳，那么参与舞蹈的人就少；使民众安逸，那么参与舞蹈的人就多。因此，看天子和诸侯组织的舞蹈，就能够从中看出天子和诸侯的德行。

"無"和"舞"本为一字，"無"是"舞"的初文。舞，甲骨文字形 ❶，这是一个象形字，像一个人两手执鸟羽而舞。也有学者认为像一个人衣袖上佩有穗状饰物，舒展衣袖翩翩起舞。甲骨文字形 ❷，头部之人的样子更形象，鸟羽也更加美观。金文字形 ❸，下面添加了两只脚，跳舞的时候当然要移动脚步。金文字形 ❹，变得复杂起来，上面保持了原始的甲骨文字形，下面添加了左边的"彳（chì）"和右边的"止（趾）"，"彳"和"止"都是行走的意思。小篆字形 ❺，下面简化成了两只脚，字形变得更加美观了。

《说文解字》："舞，乐也，用足相背。""用足相背"是解释小篆字形下面的两只相背的脚，到了小篆字形，"舞"从象形字变成了形声字，下面的两足相背

❸ ❹ ❺

表意,指舞蹈时脚步的移动。李白有诗:"我歌月徘徊,我舞影零乱。"是"舞"非常形象的写照。

周代有乐师的官职,乐师"掌国学之政,以教国子小舞",小舞是指教给年幼的儿童舞蹈,舞蹈从娃娃抓起,可见古人对舞蹈的重视。《周礼》又说:"凡舞,有帗舞,有羽舞,有皇舞,有旄舞,有干舞,有人舞。"这六种舞蹈被称作六舞。帗舞,帗(bō)是五色帛装饰的舞具,舞者执帗而舞,用来祭祀社稷;羽舞是执五彩的穗状羽毛而舞,用来祭祀四方,甲骨文字形中舞者两手执鸟羽而舞即为羽舞;皇舞是舞者的衣帽上都饰以羽毛,手持五彩的羽毛,色如凤凰,用来求雨;旄舞是执牦牛尾而舞;干舞,干是盾牌,执盾牌而舞,是用兵之舞;人舞是不拿任何舞具,仅靠手而舞。

执兵器和盾牌的舞又称武舞,执羽毛的舞又称文舞。"为国家者,揖让得天下,则先奏文舞;征伐得天下,则先奏武舞。"经过禅让等和平程序取得天下的,舞蹈时要先文舞;经过征战等战争程序取得天下的,舞蹈时要先武舞,次序不能错。文舞和武舞又合称万舞:"以干羽为万舞,用之宗庙山川。"干舞就是武舞,羽舞就是文舞。

《论语》中有名句:"暮春者,春服既成,冠者五六人,童子六七人,浴乎沂,风乎舞雩,咏而归。"舞雩(yú)是求雨时举行的伴有乐舞的祭祀,祭祀的台子叫舞雩台,因此曾点的志向就是:暮春时节,春日穿的衣服已经做好穿上,跟五六个成年人,六七个童子一起到沂水洗澡,在舞雩台上乘凉，然后唱着歌归来。这同样也是孔子的志向，因此孔子喟然叹曰："吾与点也！"我赞成曾点啊！

舞蹈时身体必须动作起来，因此"舞"引申出玩弄的意思。《史记·张汤列传》："舞智以御人。"玩弄权术来驾驭别人。还有"舞弊"一词，作弊的时候手舞足蹈，真是太形象的讽刺！

《公孙大娘舞剑图》
清代任颐绘,纸本墨笔,
北京故宫博物院藏

任颐(1840—1895),初名润,字伯年,号小楼,浙江山阴(今绍兴)人。幼随父辈习写真术,融会诸家之长,兼收西画的速写、设色各法,才华早著,靡不精能,为前期海派绘画之集大成者。尤善人物、花鸟。人物取法陈老莲,超拔磊落,新颖生动。

此图绘著名教坊舞伎公孙大娘舞剑之情景。公孙大娘主要活动于唐开元年间,以擅长剑器舞冠绝一时。该画构图奇异,以连绵重叠的线条表现公孙大娘舞剑之神速绝伦,古树虬枝与重重剑影相呼应,有风云变色之感,真如杜甫诗中所写:"昔有佳人公孙氏,一舞剑器动四方。观者如山色沮丧,天地为之久低昂。"此图用笔自由洒脱,一气呵成,墨笔枯润浓淡,驾驭自如,要紧处密不透风,令人一见难忘。

# 鼓

## 手拿着鼓槌使劲儿敲鼓

天将大雨，商羊鼓舞 ——《论语》

❶

❷

《孔子家语·辩政》中记载了一种有趣的动物："齐有一足之鸟，飞集于宫朝，下止于殿前，舒翅而跳。齐侯大怪之，使使聘鲁，问孔子。孔子曰：'此鸟名曰商羊，水祥也。昔童儿有屈其一脚，振讯两眉而跳且谣曰："天将大雨，商羊鼓舞。今齐有之，其应至矣。"急告民趋治沟渠，修堤防，将有大水为灾。顷之大霖雨，水溢泛诸国，伤害民人，唯齐有备，不败。'"

关于商羊这种有趣的动物，王充解释道："商羊者，知雨之物也；天且雨，屈其一足起舞矣。"孔子口中的商羊出自齐国小儿的童谣："天将大雨，商羊鼓舞。今齐有之，其应至矣。"这里的"鼓舞"一词是引申义，形容手足舞动的样子，因为商羊乃一种动物，如何能够击鼓？"屈其一足起舞"倒是大有可能。

鼓，甲骨文字形❶，这是一个会意字，左边是一只鼓的形状，右边是一只手，中间是鼓槌，手拿着鼓槌在敲鼓。甲骨文字形❷，鼓槌看不出来。金文字形❸，鼓的形状更加形象，左边的鼓槌也变得更粗，手牢牢地执着粗粗的鼓槌，用力敲击的声响似乎都能听得清清楚楚。金文字形❹，左边鼓的形状变得复杂起来了。小

❸

❹

❺

篆字形❺，直接从金文而来。

《说文解字》："鼓，郭也。春分之音，万物郭皮甲而出，故谓之鼓。"《释名》："鼓，廓也。张皮以冒之，其中空也。"原来，"郭"通"廓"，是用动物的皮覆盖在鼓上。许慎的意思是说鼓乃春分之音，春分之时，就像种子拱破土壤表皮发芽而出一样，万物也都破皮甲而出。许慎的解释已经是引申义，"鼓"的本义就是一种打击乐器，从手持鼓槌敲击的动作即可看出。

《周礼》中有"鼓人"一职，"掌教六鼓、四金之音声"。何谓"六鼓"？雷鼓，八面鼓，祭祀天神所用；灵鼓，六面鼓，祭祀土地神所用；路鼓，四面鼓，祭祀宗庙所用；鼖（fén）鼓，军事上所用的大鼓；鼛（gāo）鼓，劳役之事所用的大鼓；晋鼓，作乐时与钟相应和的鼓。鼖鼓、鼛鼓、晋鼓都是两面鼓。何谓"四金"？四金是用金属制作的四种乐器，分别是：金錞（chún），形状像上大下小的圆筒，击打之以与鼓声相和；金镯，形状像小的钟，用来节制、管束鼓声；金铙（náo），形状像没有舌头的铃，执柄而鸣，是停止击鼓的信号；金铎（duó），大铃，摇振发声，传令击鼓，一人先击鼓，众人跟着击鼓。

相传伊耆氏造鼓，夏商周三代的形制则有所增加。夏代加上了四足，称作足鼓；商代用木柱从鼓中穿过，使之竖立，称作楹鼓，楹就是柱子；周代则开始把鼓悬挂起来，称作悬鼓。

"鼓"本是名词,后来引申为动词,义项繁多,比如击鼓进攻、敲击弹奏、摇动、鼓动,等等。有趣的用法比如鼓腹,像鼓面一样凸起肚子,比喻饱食终日,无所事事;比如鼓舌,把舌头像鼓面一样凸出,形容花言巧语,卖弄口舌。

# 虞

## 人戴着虎头面具起舞，边舞边唱

> 我无尔诈，尔无我虞
> ——《左传》

❶

"虞"字在今天使用最多的义项是当作姓，姓虞，还有一个使用较多的义项，料想，多用作书面语。但是在古代，这个字的本义和引申义却都非常有意思。

虞，金文字形❶，许慎根据小篆字形认为这是一个形声字，但是我们看金文字形，应该是一个会意字。上面是虎头，左下是一个人侧着头翩翩起舞的样子，右边是"口"，表示歌唱。整个字形会意为：一个人戴着虎头面具，侧着头翩翩起舞，边舞边唱。金文字形❷，人和虎头面具的结合更紧密。金文字形❸，人和虎头面具结合为一体，"口"移到右边。小篆字形❹，变成了上中下结构，也变成了一个形声字。楷体字形的下面定型为"吴"，仅仅用来表声了。

《说文解字》："虞，驺虞也。白虎黑文，尾长于身。仁兽，食自死之肉。"此说不确，本义应该是披着虎皮歌舞娱乐。白川静先生认为这个字形中的"口"是"置有向神祷告的祷词的祝咒之器"，那么"虞"字就会意为人身披虎皮手举祭器起舞，以此祭祀神灵。这个见解很有道理，因为古时有一种祭礼就称作"虞祭"，指人埋葬之后举行的祭礼，祈祷亡人的灵魂安息。

❷　　　　　　　　❸　　　　　　　　❹

现在我们来看看许慎所说的"驺虞"这种动物。"驺虞"又叫"驺吾""驺牙"。据《山海经》记载："林氏国有珍兽,大若虎,五采毕具,尾长于身,名曰驺吾,乘之日行千里。"

传说驺虞是一种仁兽、义兽、瑞兽,长相如同《山海经》所言,但也有别的说法,有说就是白虎,身上有黑色的斑纹。为什么说驺虞是仁义之兽呢?因为驺虞不吃活物,专吃死兽,不会伤害别的动物,有好生之德。为什么又说驺虞是瑞兽呢?因为如果国君有诚信之德,驺虞就会应之而来,所谓"有至信之德则应之"。

《诗经》中有一首诗专咏这种动物,篇名就叫《驺虞》,只有短短六句:"彼茁者葭,一发五豝,于嗟乎驺虞!彼茁者蓬,一发五豵,于嗟乎驺虞!"射满十二支箭叫"一发";"于嗟乎"是表示赞美的感叹词;"豝"(bā)是母猪;"豵"(zōng)是公猪。朱熹认为这首诗吟咏的是春日打猎,草木茂盛,野兽众多,人们猎取野兽,但又不赶尽杀绝,推仁政及于禽兽,"此其仁人自然,不由勉强,是即真所谓驺虞矣"。

但是大多数学者都不同意这种解说,而是将之视为赞美猎人的歌。"驺"是马厩,引申为天子的园囿;"虞"从驺虞这种野兽引申为掌管山泽之兽的官员,周代有"虞人"的官职。鲍昌先生则把"驺"训为饲养牲畜的人,把"虞"训为披着虎皮大声呼叫的人,把"驺虞"合训为猎人。

祭祀神灵是怕神灵对人不利,由此引申出忧虑、忧患的意思,比如

"四方无虞",四方都没有忧患;有忧患就要加强戒备,因此又引申出防范、事先料想的意思,比如"不虞"指意料不到;由防范、戒备又可以引申出欺诈的意思,比如"尔虞我诈"的成语,即《左传》中的盟誓之辞:"我无尔诈,尔无我虞。"

《岁华纪胜图　大傩》

明代吴彬绘，纸本设色，台北"故宫博物院"藏

吴彬（约1570—约1644），字文仲，福建莆田人，万历年间官中书舍人。善山水，不摹古，写真景。所绘人物，形状奇特，自成一家。《岁华纪胜图》册为目前存世最早的一套月令图绘，吴彬以特殊横幅的册页图绘一年12个月份的节令活动，画风精致，设色雅淡，画面中充满各种人物活动与丰富物像，颇可玩味。

"大傩"是民间除夕打鬼驱疫求吉的仪式，以戴假面装判官、土地之类，驱祟出城外，另有铜鼓驱疫习俗。画中桥上一列送祟队伍，两人戴着面具手舞足蹈，装扮成"傩"，四人抬着"神祇"，桥头两人抬鼓，一人打鼓，一人敲锣引导，描绘出民间驱祟仪式的欢闹景象。画面讲究远景配置，凸显辽阔景致，兼具月令岁时与佳景记胜特色。美国学者高居翰教授认为画中的桥引入了西方的透视画法，可能受到欧洲传入的版画影响。

# 望

## 一个人站在土堆上远望

望之而不能见也，逐之而不能及也 ——《庄子》

"望"是个极有意思的汉字，甲骨文字形❶，这是一个会意字，最上面是一只大眼睛，下面是一个人站在土堆上向左远望。甲骨文字形❷，转向右边远望。金文字形❸，右边添加了一个"月"，表示远望的对象。金文字形❹，左上的"臣"变成了"亡"，用以表声。小篆字形❺，下部讹变为"壬"，不过还能够看出来人的形状。至此，"望"变成了一个会意兼形声的字。需要注意的是，下部其实是"壬"字，简化后变成了"王"字。

《说文解字》："望，出亡在外，望其还也。"盼望出亡在外的人还家，当然要翘首远望，因此《玉篇》直接解释为："望，远视也。"庄子有一句话最能体现"望"字的本义："望之而不能见也，逐之而不能及也。"望而不能见，当然离得很远，因此"望"的本义是远望。古代的祭礼有一种叫望祭，是帝王们祭祀山川、日月、星辰之礼。山川、日月、星辰都是可望而不可即的，因此帝王们要遥遥而祭，故称望祭，这也是"望"字的本义。有一个成语"望子成龙"，盼望儿子成为出类拔萃的人物，当然是很多很多年之后的事啦！

另外，农历每年的十五日叫"望日"。古人认为月

❸ ❹ ❺

亮本来没有光,需要太阳照耀才有,而农历十五这一天月亮最圆最亮,日月遥遥相望,故称"望日"。《尔雅·释名》:"望,月满之名也。日在东,月在西,遥在望也。"

有学者认为"望"和"朢"本来是一个字,不过两个字还是有一些细微的区别:"日月之望作朢,瞻望之望作望。""朢"字专用于日月之望,也就是说,"望日"其实应该写作"朢日"。《说文解字》:"朢,月满与日相朢,以朝君也。"许慎这是望文生义,把月望日跟臣朝君等同了起来。段玉裁感叹道:"今则望专行而朢废矣。"因此"而古文制字之义遂亡",感叹得极有道理。

"望"既然是远望月亮,当然也是仰望,于是引申为名望,因为有名望的人自然需要仰望。用作这个义项的"望"变成了名词,"望"就当"名"讲,比如"望轻"是指名声低微,"德高望重"当然就是名声响亮。

"望"是远望、仰望,离得太远,因此又引申出虚名的意思。据韩愈在《顺宗实录》中记载,唐顺宗时期,往市场上派了几百名采办人员,只要看中任何摊位上的货物,就以官中需要的名义白拿。因为这些人在市场上东张西望比较各种物品的优劣,然后白取白拿,故人称"白望"。东晋大臣陈頵(jūn)忧于国事,在给丞相王导的上书中说:"中华所以倾弊,四海所以土崩者,正以取才失所,先白望而后实事。"这是指选拔人才的时候先看重虚名,然后才看具体的办事能力。

"白望"还可以写作"望白""望空"。干宝《晋纪总论》:"当官者以望空为高,而笑勤恪"。干宝指出晋代的官员都以虚名为高,却看不起那些做实事的人。两晋玄学清谈之风很盛,官员们往往"望白署空",自己不愿处理政务,交由下属收集资料,以了解情况,并拟出意见写成文书送来,自己不看全文就在预留的空白处签字署名。可想而知,这个署名都是空名、虚名而已。

# 复

## 一只脚走进城门

复，尽爱之道也——《礼记》

❶　　　　　❷

"复"的繁体字形写作"復"，其实乃是后增体，"复"才是本字。这个汉字今天常用的义项很少，比如重复、恢复、复原等，但是古时的义项却极为丰富，而且有着今人所无法想象的奇特内涵。

复，甲骨文字形❶，下面是一只脚趾朝下、表示进入的脚，上面的字符表示什么呢？白川静先生在《常用字解》一书中认为"形示称量容积的容器倒置"之形，属于典型的望"字"生义，一只脚跟这个倒置的容器一起行走，怎么能够表示"复"的各种义项呢？

徐中舒先生在《甲骨文字典》中则认为这个字形"象穴居之两侧有台阶上出之形，夂象足趾，台阶所以供出入，夂在其上，则会往返出入之意"。不过，综合与"复"共同拥有这个字符的其他汉字来分析，中间的方形应为城邑的象形，上下两端则表示城邑的两个出口，即城门，下面的脚趾表示进入、走出城门。

复，金文字形❷，中间的方形城邑用圆形加一黑点（城中的人）来示意，上下两端城门各添加了一横，表示有台阶。当然也可以视作一所住宅里面的房屋前后有台阶出入之形。金文字形❸，左边添加了一个"彳"，"行"

是十字路口的象形，用左半边"彳"来会意，更可以清楚地看出"复"是进出城门、往返街道之意。小篆字形❹，规整化之后，城邑和城门之形不大能看得出来了。

《说文解字》："复，行故道也。""復，往来也。"都是同样的意思。有趣的是，"复"字形象地体现了古汉语的一个常见现象，即反义同字或反义同词，也就是说，一个字或词可以同时表达正反两个义项。许慎释义的"復，往来也"，"往"是前往，"来"是回来，正如同"复"的甲骨文和金文字形中所描画的，从城门的一端出城，再从城门的一端入城。

这一特点也体现在"报复"这个词的两个正反义项之中，即"报复"既可指报恩，又可指报仇，这就是反义同词现象。比如《三国志·蜀志·法正传》载，刘备拜"善奇谋"的法正"为蜀郡太守、扬武将军，外统都畿，内为谋主。一餐之德，睚眦之怨，无不报复"。"一餐之德"，此为报恩；"睚眦之怨"，此为报仇。"报复"兼具报恩和报仇两义。不过今天则专用于报仇了。

"复"还有一个极为奇特的义项：招魂。《礼记·檀弓下》篇中载："复，尽爱之道也，有祷祠之心焉；望反诸幽，求诸鬼神之道也；北面，求诸幽之义也。"郑玄注解说："复，谓招魂。"孔颖达进一步解释说："始死招魂复魄者，尽此孝子爱亲之道也。"

这段话的意思是说：父母刚去世，要为父母招魂，这是尽孝子爱父母之道，同时还要祈祷、祠祭。希望父母的灵魂从幽暗之处归来，所以求之于鬼神；北方幽暗，所以向着北方招魂。

"复"之所以有招魂之意，也是由"往来"的本义而来。不过，这一奇特的义项今天早已经消失了。

《九歌图书画卷》"国殇"

（旧传）北宋张敦礼绘，绢本设色长卷，美国波士顿美术馆藏

张敦礼，北宋开封人，后人避光宗讳，改其名为训礼。善写人物，贵贱美恶，容貌可见；笔法细密，神采如生。《九歌图书画卷》右图左文，是据屈原《九歌》辞意而作。《九歌》共十一篇，原为楚国民间祭神之歌，屈原将其改编加工为楚辞名篇。

这一段绘制的是《国殇》一篇。《九歌》十一篇，有十篇是祭祀神灵之歌，唯有《国殇》，祭祀的是楚国阵亡的将士，风格沉雄慷慨，音节铿锵，掷地有声。画面上战尘滚滚，两个衣甲鲜明的将士，手持武器，双目圆睁，带着视死如归的勇猛。辞曰："操吴戈兮披犀甲，车错毂兮短兵接……出不入兮往不反，平原忽兮路迢远。带长剑兮挟秦弓，首身离兮心不惩。诚既勇兮又以武，终刚强兮不可凌。身既死兮神以灵，子魂魄兮为鬼雄。"战争何惨烈，猛士死沙场，魂魄为鬼雄，何时返故乡？

# 害

## 在家里口角会互相伤害

若将除害马，慎勿信苍蝇 ——高适

❶　　　　❷

"害"是伤害、损害的意思，为什么会具备这样的意思呢？

害，金文字形❶，这是一个会意字：上为覆盖的屋顶；中间是"丯（jiè）"，本为刀刻的纹饰，由刀刻引申为割伤，或者由纹饰的连绵衔接引申为相续不绝；最下面是"口"。《说文解字》："害，伤也。从宀从口。宀、口，言从家起也。丯声。"按照许慎的说法，"害"字是这样会意的："言从家起"，在家里说话比较随便，因此乱说话常常成为危害的根源。许慎认为"丯"表声，但是"丯"也兼表意，表示因口角而互相伤害，或者相续不绝、毫无顾忌地乱说话。段玉裁解释道："言为乱阶，而言每起于衽席。"徐锴解释道："祸尝起于家，生于忽微，故害从宀。"都是同样的意思，也就是人们常说的俗语"祸从口出"。

害，金文字形❷，大同小异。金文字形❸，右边添加了一个面朝左的人，更突出了家里人在乱说话的含义。小篆字形❹，与金文相似。

"害"的本义可引申为妨碍的意思。相传有一个叫陈相的人，见到孟子，问道："许子奚为不自织？"意

思是有一个叫许子的人为什么不自己织布呢?孟子回答道:"害于耕。"因为他怕会妨碍农活儿。许子以耕作为业,如果再去织布当然会妨碍农活儿,因此孟子才这么回答,意思是许子可以用耕作的产出来换取布匹。"害"还可以引申为招致某种后果之义,这种用法最有趣的词是害羞、害喜,害羞即招致羞意,害喜即招致怀孕的种种不良反应。

有个成语叫"害群之马",也可以简称为"害马",比如唐代诗人高适有"若将除害马,慎勿信苍蝇"的诗句。这是一个被误解了两千多年的成语。成语词典对"害群之马"的解释是:"危害马群的劣马。"听起来很符合这个成语的字面意思,可是仔细一琢磨,问题就出来了:什么样的马是危害马群的劣马?劣马为什么会危害马群?如果在牧区生活过,经过观察就会发现,只有劣马,而没有能够危害马群的劣马。

原来,这个成语的原始含义跟现在的意思并不一样。

这个成语出自《庄子·徐无鬼》。黄帝带着六位圣人到具茨山去拜见一位叫大隗(wěi)的神仙,在半道上迷了路,刚好遇见一个牧马的童子,于是黄帝问他:"小朋友,你知道具茨山吗?"童子回答道:"知道啊。"黄帝又问道:"那你知道大隗住在哪里吗?"童子回答道:"知道啊。"

黄帝一听这小孩见多识广,感叹道:"你真是个神童啊!不光知道具茨山,还知道大隗住在哪里。请问你知道怎么治理天下吗?"

童子回答道:"我小时候得了眼病,看不清楚东西,有位长者建议我乘坐着太阳车来到这片旷野牧马。这里的气候对我的眼病有好处,如今已经有了好转,我马上就要离开了。至于您说的治理天下的方法,我既不懂,也不愿费心去考虑。"

黄帝坚决要向童子请教,童子看糊弄不过去了,就回答道:"夫为天下者,亦奚以异乎牧马者哉!亦去其害马者而已矣。"郭象解释说:"马以过分为害。"成玄英解释说:"害马者,谓分外之事也。"这位童子的意思是说:治理天下,跟牧马是一个道理。马要牧得好,就要除去一切危害马的天性的事情,顺其自然。治理天下也是这样,天下若想治理得好,也无非顺其自然罢了。

黄帝听了这番话,连忙行大礼,口称"天师"而去。

到了后来,"害马"居然演变成了"害群之马",用来比喻危害集体的人了,真是对马的诬赖!

❶ ❷

## 拜

### 长发之人举手躬身而拜

蔽芾甘棠，勿翦勿拜 ——《诗经》

"拜"是古人见面时非常重要的礼节，由此而组成了拜谢、拜别、拜访、拜托、拜师、拜把子等很多类似的词。

拜，金文字形❶，这是一个会意字，左边是手，右边是一个躬着身子的人，头上有头发，会意为一个人举手至头而拜。金文字形❷，人屈膝举手至头而拜的样子更加形象，不过左边变成了一株禾苗，会意为将禾麦奉献给神灵，向神灵拜祭祷告，祈求丰收。金文字形❸，左边是手，右边又像禾苗，又像花朵。日本汉学家白川静先生认为"形示茎上花朵绽开之态。弓身伸手拔取此花，谓'拜'，有摘花、拔取之义。摘花之姿与礼拜之姿相似，因此'拜'有了恭拜之义"。《诗经·甘棠》有"蔽芾甘棠，勿翦勿拜"的诗句，蔽芾（fèi）是茂盛的样子。茂盛的甘棠树的枝叶，不要剪去，不要拔除。这里的"拜"字倒是极符合"摘花之姿"。小篆字形❹，《说文解字》引扬雄的说法："拜，从两手下。"到了小篆字形，人的形象完全消失，变成了"从两手下"的会意字，左手是手，右边上部也是手，右下是下，下是"下"的古字。

《说文解字》："拜，首至地也。"许慎的解释不

❸

❹

完全准确,因为还有"拜首,首至手"的说法,不一定非要拜到头顶着地的程度,要根据不同等级来定"拜"的礼节。据《周礼》记载,周代有九种跪拜仪式,称"九拜":"一曰稽首,二曰顿首,三曰空首,四曰振动,五曰吉拜,六曰凶拜,七曰奇拜,八曰褒拜,九曰肃拜。""稽"是停留的意思,稽首即叩头至地,停留一段时间。"稽首"是九拜中最恭敬的礼节:"稽首,拜中最重,臣拜君之拜。""顿首"是叩头至地,不加停留,一触地就抬头,"顿"一下而已。"空首"是先以两手拱至地,然后用头触及两手,头不挨地,故称"空首"。以上三种为正拜,同时也是吉事之拜。

后六种为丧事之拜。"振动"是双手相击,浑身战栗,然后跪拜,以示对丧者的悲痛哀悼。"吉拜"是守丧三年期满后行的跪拜之礼,先"空首"拜,再"顿首"拜。"凶拜"是居丧期间答拜宾客的礼节,先"顿首"拜,再"空首"拜,前者表示悲伤,后者表示感谢。"奇拜",奇为单数,即拜一次。"褒拜"是拜两次或者两次以上。最轻的跪拜是"肃拜",身体呈跪姿,以手触地,抬头。

即使在"稽首"这种跪拜礼中,也还有更详细的区分。荀子说:"平衡曰拜,下衡曰稽首,至地曰稽颡。""平衡"即"空首"拜;"下衡"即"稽首",手和头都挨地;"颡(sǎng)"是额头,"稽颡"即额头触地,以至于连脸都看不见了,表示极度虔诚。《史记·周本纪》载:"商人皆再拜稽首,武王亦答拜。""再拜稽首"是指拜了两拜之后再稽首,其恭敬程度可想而知。

此外还有从佛教而来的"膜拜"的礼节。《穆天子传》："吾乃膜拜而受。"郭璞注："今之胡人礼佛，举手加头，称南膜拜者，即此类也。"这是指合掌加额，长跪而拜，表示尊敬或畏服的仪礼，以前专指礼拜神佛，后来用得就很广泛了。

"拜"又可以引申为授予官职、任命的意思。《史记·廉颇蔺相如列传》："拜相如为上大夫。"还可以引申为直到今天还在使用的义项：通过一定的仪式结成某种关系，比如拜师、拜把子，等等。颇为有趣的是，英语 bye-bye 音译为"拜拜"，临分别的时候"拜拜"而别，相约再会，倒是大有古人之风。

《宋人拜月图》（局部）
明代佚名绘·绢本设色·台北『故宫博物院』藏

"拜月"乃是旧时中秋重要的仪式。八月十五之夜，除了舞榭歌台酌酒赏月的热闹，人们还会洒扫门户，或登楼，或中庭，于月下设立香案，摆放时令供品，燃烛焚香，拜月许愿。男的愿早步蟾宫，高攀仙桂；女的愿貌似嫦娥，婚姻美满。元明以来，"焚香拜月"的情节往往出现在杂剧或传奇小说中，绘本插图中也是常见的画面。

画上一轮明月高挂天际，雕栏玉砌的华丽殿堂内，一贵族女子正双手合十，抬头望月，默默祭拜。她面前的红木几案上，焚香袅袅。婢仆环侍厅堂内外。月色澄澄，院宇幽静，女子拜月侧影显得十分虔诚。此画虽名为《宋人拜月图》，研究者认为由构图及树木、岩石之画法看来，应是16世纪晚明时期作品。

# 庆

## 用心捧着鹿皮去别人家里庆贺

> 积善之家，必有余庆
> ——《周易》

❶ ❷

《周易》中说："积善之家，必有余庆。"这里的"庆"是指福泽。

庆，甲骨文字形❶，这是一个会意字，一只鹿的腹部有一颗心。这是郭沫若先生的看法，不过徐中舒先生认为里面的不是"心"，而是角形，反对释为"庆"。有的甲骨文字形还在左边添加了花纹，用以形容鹿的美丽。金文字形❷，上面的鹿头看得更清晰，中间是一颗心，下面是一只脚。金文字形❸，鹿头的形状有所变化。金文字形❹，鹿头的形状还在，下面变异较大，添加了一个表示花纹美丽的"文"。小篆字形❺，上面是"鹿"字的省写，下面还是心和脚。楷书繁体字形❻，同于小篆字形。简化后的简体字跟"鹿"字完全没有关系了。

《说文解字》："庆，行贺人也。吉礼以鹿皮为贽，故从鹿省。"传说上古时，伏羲氏制定了嫁娶的制度，以成对的鹿皮作为聘礼，后世因此将其用作聘问、酬谢或订婚的礼物。齐桓公称霸的时候，诸侯归心，齐桓公轻礼物而重礼节：齐国送给别国豹皮，别国只需回报以鹿皮即可；齐国送给别国马匹，别国只需回报以犬即可。因此别国出使齐国的时候，往往提着空空的袋子，返回

时却满载而归。"庆"这个字因此会意为真心诚意地带着美丽的鹿皮,走到别人家里去庆贺,段玉裁所说"心所喜而行也",许慎所说"行贺人也",都是这个意思。由此可以引申出喜庆、福泽、赏赐等各种义项。

弹冠相庆,弹掉帽子上的灰尘,互相庆贺,准备出山做官。为什么准备出山做官呢?因为他的同伙升了官,自己一定会得到同伙的提携,所以一听说同伙升了官,立马把废置多时的官帽找出来,弹掉上面的灰尘,踌躇满志地等待同伙的提携。这个成语在今天是个不折不扣的贬义词,但在古代却是个不折不扣的褒义词。

"弹冠相庆"出自《汉书·王吉传》:"吉与贡禹为友,世称'王阳在位,贡禹弹冠。'"王吉字子阳,故称"王阳"。王吉和贡禹是好朋友,因此人们才说"王阳在位,贡禹弹冠",王吉当了大官,贡禹和王吉的价值取向完全相同,因此王吉一定会提携贡禹,共同实现他们双方的政治理想。王吉和贡禹都是清廉的官员,又都敢说话,常常上书指斥朝廷的错误做法,因此,"王阳在位,贡禹弹冠"的情形没有任何贬义成分在内,反而是人们对二人美好品行和动人友谊的由衷赞美。黄宗羲的《与陈介眉庶常书》对这一成语的引用最好地说明了这一点:"人之相知,贵相知心。王阳在位,贡禹弹冠。"黄宗羲赞美王吉当大官的时候,贡禹弹冠的动作恰恰是二人相互知心的写照。

"弹冠相庆"用作贬义是从北宋著名作家苏洵开始的。苏洵在《管仲论》一文中如是说:"一日无仲,则三子者可以弹冠相庆矣。""三子"指齐桓公宠幸的竖刁、易牙、开方三个坏蛋,管仲还活着的时候,非常厌恶三子的献媚行为,齐桓公也就不敢升三子的官,等到管仲一死,齐桓公就开始肆无忌惮地宠幸三子了,朝政大权尽数交给了三子,导致最后齐国大乱。因此苏洵说:管仲刚死,三子就开始弹冠相庆了。这是"弹冠相庆"第一次用到坏人身上,流传到今天,"弹冠相庆"变成了贬义词,形容坏人之间"一人得道,鸡犬升天"的丑态。

# 宾

## 客人走到家里来了

常时好宾客，永日对弦歌。——张说

❶　　　　　❷　　　　　❸

唐代诗人张说有诗："常时好宾客，永日对弦歌。"宾客如云，"宾"和"客"如今几乎没有区别了，除了在特定的成语或者称谓中不能混用之外，"宾客"连用，意思大家都明白，不用多加解释。可是在古时候，"宾"和"客"的区别却非常之大：宾尊而客卑，宾大而客小，因此最尊贵的客人叫作"上宾"。古人对礼节是非常讲究的，将礼节分为五种：吉礼、凶礼、军礼、宾礼、嘉礼。"以吉礼敬鬼神，以凶礼哀邦国，以宾礼亲宾客，以军礼诛不虔，以嘉礼合姻好"。其中待客的"宾礼"在《仪礼》一书中有十分琐碎的细节规定，如果违背了这些规定，毫无疑问就是"失礼"了。

先说宾，甲骨文字形❶，这是一个会意字，上面是屋子的形状，下面是一个人，会意为客人来到家里。甲骨文字形❷，下面添加了一只脚。甲骨文字形❸，屋里的人跪着迎宾。左民安先生则解释为："外部是房屋之形，中间跪着一个人，人下有'止（脚）'，表示走进祀神之意。"接着他又说："卜辞中有'王宾'的话，也就是'王来祭天'之意。由'祀'可以引申为'敬'。"因此他认为"宾"的本义是祀神。金文字形❹，将下面的"止"改成了"贝"，

❹ ❺ ❻ ❼

表示来宾带着礼物。小篆字形❺接近金文。王国维先生说:"金文及小篆易从止为从贝者,乃后起之字。"简化后的字体完全看不出造字的原意了。

《说文解字》:"宾,所敬也。"因此"宾"的意思就是地位尊贵、受人尊敬的客人,"相敬如宾"这个成语即是最好的注脚。《周礼》中有司仪这个官职;"诸侯、诸伯、诸子、诸男之相为宾也,各以其礼相待也,如诸公之仪;诸公之臣相为国客"。诸公、侯、伯、子、男称"宾",他们的臣子称"客",可见宾尊而客卑,宾大而客小。

再说客,金文字形❻,这也是一个会意字,上部是房屋之形,中间是倒着的"止(脚)",下面是古人穴居的洞口或者居处的屋门,像人从外面迎面而来,进了家门。会意为外人进了家门。小篆字形❼,下面的"各"表声,因此"客"变成了形声字。

《说文解字》:"客,寄也。"段玉裁注解道:"自此托彼曰客,引申之曰宾客。"可见"客"有寄居、寄托的含义,"宾"则没有这种含义,比如寄居他乡又回归故乡的人称作"归客",而不能称作"归宾"。但是"宾,所敬也"这一层含义却又是"客"所没有的,因此可以这样说:"宾"指尊贵的客人,而"客"通常指一般的客人。既为尊贵的客人,那么邀请、接待"宾"的礼节一定不能缺乏,一定要隆重地提前通知并接待,所以"宾"不存在突发奇想贸然上门的情况;而"客"就不一样了,比如没有得到召唤或邀请的客人称作"不速之客",强盗或盗贼称作"暴客"。

《诗经·小雅·鹿鸣之什图卷·鹿鸣》
南宋马和之绘,赵构书,绢本设色长卷,北京故宫博物院藏

此卷是马和之《诗经》系列图之一,全卷书、画共10段。马和之创作《诗经图》历经高宗、孝宗二朝,《鹿鸣之什》卷创作于高宗朝。《诗经图》问世不久即出现摹本、临本。此卷绘画简逸流动,书法端庄潇洒,是极难得的存世赵书、马画合璧真迹。

《鹿鸣》为小雅之首,是周王宴会群臣宾客的乐歌。"呦

呦鹿鸣，食野之苹。我有嘉宾，鼓瑟吹笙。"全诗三章，皆以鹿鸣起兴，调子欢悦和谐，描绘了殿堂上宾主之间琴瑟歌咏互敬互融之情状。画面分为两部分，以树木云雾隔开。左边是一座豪华宫殿，正在举行盛大夜宴，主客满堂，灯火通明。殿外丹墀之下内侍环立，乐工鼓琴奏乐助兴。右侧绘群鹿于山谷之中，或鸣或奔，或低首觅食，各具姿态。画面紧扣诗句，左嘉宾，右鹿鸣，浅白明了。

# 哭

## 孝子散发捶胸跳跃号哭

> 辟踊哭泣，哀以送之 ——《礼记》

甲骨文中到底有没有"哭"字？按照常理来说，哭和笑是人类最基本的情感表达方式，因此这两个字应该排在古人造字较为靠前的序列才对，可是多数权威的甲骨文字典都不见它们的踪影。尚未发现记载这两个字的甲骨卜辞是一种很大的可能性，不过已经发现的甲骨卜辞中到底有没有"哭"字，也是一个学者们争论不休的话题。

我们先来看"哭"的小篆字形❹，《说文解字》："哭，哀声也。从吅，狱省声。"徐锴进一步解释说："哭声繁乱，故从二口。"所谓"狱省声"，是指声符为"狱"，省写作"犬"。

这一释义遭到了很多学者的反对，比如段玉裁在《说文解字注》中就认为"从犬吅，皆会意，而移以言人"，但是为什么以犬比人？段玉裁却又无法解释。王筠则在《说文释例》中说："从犬何以知为狱省？凡类此者，皆字形失传而许强为之解。"叶玉森也在《殷契钩沉》中质疑道："哭必先于狱。"

张舜徽先生则在《说文解字约注》一书中认同许慎的释义："以狱省声释之，义必有所受也。盖上世暴君

❸

❹

迭起，犴狱滋繁……小民何辜，受兹苦痛。捶楚之下，必有哀声。此哭字实象其惨烈之情……哭之本意，为罪囚在狱之哀声，因引申为一切哀声之称。"乡狱称"犴（àn）"，朝狱称"狱"，泛指监狱。

这一论断的错误在于：日常生活中"哭"的行为是人的本能表现，只要有人类就会有"哭"的行为，相伴相生，而"狱"这种事物肯定是后来才产生的，因此不能以后起的"狱"来解释先有的"哭"。叶玉森"哭必先于狱"之说就是这个意思。

那么，"哭"的本义到底是什么？这个问题与甲骨文中是否有"哭"字密切相关。叶玉森和李孝定先生都认为甲骨文中有"哭"字，即字形 ❶，叶玉森释义为："像一人擗踊形。"

"擗踊"（或"辟踊"）是古代丧礼制度之一。据《礼记·檀弓下》篇载："辟踊，哀之至也。"这是子女失去双亲之后在丧礼上的礼仪。孔颖达注解说："抚心为辟，跳跃为踊。孝子丧亲，哀慕至懑，男踊女辟，是哀痛之至极也。""辟"是捶胸，"踊"是往上跳，男踊女辟，表达极度的哀痛。同时男人还要袒、括发、去饰。"袒"指脱去上衣，"括发"指用丧带把头发束起来，去除一切饰物。女人则不袒，唯捶胸而已。

而这个字形恰恰如同叶玉森所说"像一人擗踊形"，中间一个人使劲儿跳跃，束起来的头发向上飘散，"口"表示张嘴号哭。至于为什么会有两个"口"，我们来看甲骨文字形 ❷，徐中舒先生在《甲骨文字典》中虽然收录了这个字,但认为含义不明。不过对照甲骨文字形❸,可以看得很清楚,这是同一个"哭"字:弯腰捶胸,向上跳跃。很显然,这个字形综合了"男踊女辟"的仪式,因此用两个口来会意。

甲骨文字形❸,徐中舒先生也认为这个字含义不明,但这仍然是"哭"字,只不过在左下方添加了一竖,代表丧杖,就是俗称的"哭丧棒",今天有些地方的农村尚有此遗制。丧杖是古代丧礼中的必备物品之一,孝子手持丧杖,表示对父母的过世悲痛欲绝,紧接着还要服丧三年,以至于体质羸弱,所以居丧期间一定要"以杖扶病"。

以上就是"哭"的本义,即《礼记·问丧》篇中所言:"辟踊哭泣,哀以送之。"小篆字形将辟踊之人的形状误写作"犬",导致"哭"的本义再不被人所知。

# 忧

## 低头伸手忧愁地去搔头发

有忧者侧席而坐，有丧者专席而坐 ——《礼记》

❶

❷

"丁忧"是中国古代重要的服丧制度，官员的父母去世，必须停职回到祖籍居丧三年。"丁"的意思是当逢、遭逢，"忧"是居丧，"丁忧"即遭逢父母之死而居丧。"忧"为什么会具备这个义项呢？

"忧"的繁体字"憂"，甲骨文字形❶，这是一个会意字，这个人最下面的脚栩栩如生，低着头，伸出手，正准备去搔头上长长的头发。人们都有这样的体验：忧愁或者为什么事烦恼的时候，总是下意识地伸手去搔头发。金文字形❷，手脱离了身体，似乎是为了更加强调伸手去搔头发的动作。金文字形❸，这个人改为正面站立，还是伸手要去搔头发。金文字形❹，上面还是头部和头发，手的样子变形得厉害，下面添加了一颗心，表示是心在忧愁。小篆字形❺，"心"的下面又添加了一只脚。

白川静先生认为小篆字形上面的"頁""形示仪礼时头上缠布，此字中特指头戴丧章"，下面的"夊""表示倒行的足迹"，整个字形乃是"身穿丧服，头戴丧章，心情哀痛之人伫立之姿"。这种解释虽然新颖，但未免过于牵强，古人造字，"近取诸身，远取诸物"，都是日常生活中的物事或现象，不必非要如此弯弯绕。

《说文解字》："忧，愁也。"《尚书·洪范》中有"六

❸ ❹ ❺

极"之说,指六种极凶恶的事:"一曰凶短折,二曰疾,三曰忧,四曰贫,五曰恶,六曰弱。""忧"排名第三,因此引申为生病和居丧。《礼记·曲礼上》中规定:"有忧者侧席而坐,有丧者专席而坐。"父母生病的,参加宴会时要单独一席;居父母丧的,则更要"单席"而坐,不能坐两层的"重席"。

有趣的是,"忧"当作疾病讲时,有一种极其风雅的疾病名称,叫"负薪之忧"或"采薪之忧"。《礼记·曲礼下》载:"君使士射,不能,则辞以疾,言曰:'某有负薪之忧。'"古人认为射箭也能反映出人的德行,因此国君命士射箭,士唯一能够推辞的理由就是身体患病;但是有的人确实不会射或者射术不精,那么就要用"负薪之忧"来推辞,意思是我刚背过柴火,累得要命,没有力气再射箭了。不能直接说自己病了,否则就是傲慢不敬,而要说出致病之由。为什么偏偏要用"负薪"来比拟呢?这是士的谦辞,谦虚地表明自己还没有做到士阶层时也曾操持过背柴火的下贱职业。

孟子在《公孙丑下》篇中记载了一则趣事。孟子要去朝见齐王,齐王派人来说:"我本来应该去看您的,但受寒生病了,不能见风。明早我将上朝听政,不知您能来让我见您吗?"孟子回答说自己也生了病,不能到朝堂上去。可是第二天孟子就出了门,刚好齐王派人来探望,孟子的弟弟说:"昔者有王命,有采薪之忧,不能造朝。"这也是一句婉辞,意思是生病连柴火都打不了了。其实孟子并没有生病,是对齐王不礼遇的报复而已。

# 尽

## 手持小刷子清洗器皿

虚坐尽后,食坐尽前 ——《礼记》

❶

❷

"尽"是一个语义非常抽象的汉字,跟人或动物等具象实指的汉字完全不同,比如虎、牛之类只需简单地画出它们的样子即可。但是古人的智慧令人叹为观止,他们使用日常生活中的器具,来表现抽象语义的能力,相信会震撼到每一个现代人。

尽,甲骨文字形❶,这是一个会意字,下面是一只器皿,器皿里面是一只手持着一把小刷子,使劲儿地将器皿清洗干净。甲骨文字形❷,器皿还带底座和把手,上面手持刷子的样子更是栩栩如生。金文字形❸,上下都有些变形,不过手持刷子的样子还是可以看得很清楚。小篆字形❹,同甲骨文和金文区别不大。楷书繁体字形❺,和小篆极为相似。简化后的简体字,造字的原意已经完全看不出来了。

《说文解字》:"尽,器中空也。"盛东西的器皿只有空了才能彻底加以清洗,因此"尽"的甲骨文和金文字形会意为"空"。罗振玉则说:"象涤器形,食尽器斯涤矣,故有终尽之义。"这是古人利用手边的事物表现抽象的汉字的一个典型例子。"尽,竭也,终也。""尽,止也。"都是从本义引申出来的义项。"尽善尽美""鞠躬尽瘁""尽信书不如无书"之"尽"都

❸ ❹ ❺

是极、竭尽之意;自尽之"尽"则是完的意思,自己完了,当然就表示自杀;"尽齿"则是尽其年寿,过完了这一生,同时也表示衰老。

古人把农历每月的第一天称作"朔",《说文解字》:"朔,月一日始苏也。"之所以从"月",意思是过完了前一天之后,月亮又重新复苏,开始新的一月。农历每月的十五称作"望",之所以从"月",意思是这一天月亮最圆,"日在东,月在西,遥在望也"。农历每月的最后一天称作"晦",之所以从"日",意思是"明月尽而日如故",月亮昏冥,故称"晦",这一天又称"晦日",唐代时,正月的最后一天很受重视,是节日,称"晦节",要举行送穷、饮酒等种种活动。唐人韩鄂所著《岁华纪丽·晦日》条中说:"月有小尽,有大尽,三十日为大尽,二十九日为小尽。"也就是说,大月的晦日称大尽,小月的晦日称小尽,而正月的晦节,如果恰好赶上了小尽,那么一定要举行盛大的宴会。古籍中多有大尽、小尽的说法,即由此而来。

《礼记·曲礼上》中对弟子侍奉先生的礼节有详细的规定,其中有一条是:"虚坐尽后,食坐尽前。"这里的"尽"是由本义引申而来的尽量或者最的意思。虚坐尽后,"虚,空也,空谓非饮食坐也",非进餐时的坐法称作"虚坐",与"食坐"相对而言;顾名思义,"食坐"就是进食时的坐法。未进食的时候,弟子要尽量往后坐,要坐在最后面,以示对先生的尊敬和自己的谦恭;进食的时候,弟子要尽量往前坐,要坐在自己座位的最前面，因为古时席地而坐，盛饭食的器具摆放在席前的地上，如果坐得靠后，取食的时候就要溅污自己的座席，同样是对先生的不尊。

《礼记·玉藻》中对臣子侍奉国君的礼节也有同样的规定，其中有一条是："徒坐不尽席尺，读书、食，则齐"。"徒坐"跟虚坐的意思一样。未进食的时候，臣子要尽量往后坐，离座席最前面应当有一尺的距离，以示无所求于前，同样是表示谦恭；读书的时候，声音要让师长听见，进食的时候怕溅污座席，都要尽量往前坐，与座席的最前面齐平，也是表示尊敬之意。

《女孝经图》

南宋佚名绘，绢本设色长卷，北京故宫博物院藏

此卷以图解形式表现唐代郑氏《女孝经》前九章的内容，共九段，每段图后均有墨题原文与之对应。这是北京故宫博物院藏本，与台北故宫藏《宋人书画女孝经》相似，而笔墨风格不同。画中衣纹用铁线描，线条匀细，富有弹性。敷色以深棕为主调，配以白、墨绿、青灰等冷色调，沉着蕴藉，古雅中见清新。画中仕女高髻簪花，脸容丰满，体形匀称秀美，神态雍容，举动端庄娴静，生动图解了母仪、贤明、仁智等高等"女则"，展示了宋代仕女画成熟的风貌。

这是卷首"开宗明义章"，画曹大家闲居，诸女侍坐。一女恭立于前，与曹大家问答。《女孝经》共分十八章，本章借曹大家与诸女对话，阐明女子孝道的大义："夫孝者，广天地，厚人伦，动鬼神，感禽兽，恭近于礼，三思后行，无施其劳，不伐其善，和柔贞顺，仁明孝兹，德行有成，可以无咎。"女子尽孝，要学习尧帝的两个女儿，不仅卑让恭俭，思尽妇道，又要贤明多智，免人之难。如此尽善尽美，可谓难矣！

❶ ❷

## 相

### 一只大眼睛盯着一棵树看

相鼠有皮，人而无仪 ——《诗经》

"相"是汉语中义项非常多、组词非常丰富的一个汉字，而且有两种读音。但照例本义只有一个，此外所有的义项都是从这一个本义引申而来的。

相，甲骨文字形❶，这是一个会意字，左边是一棵树，右边是一只大眼睛，会意为以目视木。甲骨文字形❷，大眼睛移到了树木的上面，因此有人说这个字形就像人爬到树上远眺。金文字形❸，树木和大眼睛的样子更加好看。小篆字形❹，右边定型为"目"。

《说文解字》："相，省视也。从目从木。《易》曰：'地可观者，莫可观于木。'"许慎引用《周易》中的语句来解释"相"字为何"从目从木"来会意，盖因为树木是地面上最高、最引人注目的物体，虽然眼睛看到的东西很多，但第一眼必定先看到树木，因此"从目从木"，省视、察看就是"相"的本义。《诗经·相鼠》中的名句："相鼠有皮，人而无仪。""相"就是察看的意思，察看到老鼠尚且有皮，人却没有礼仪。

段玉裁说："按目接物曰相，故凡彼此交接皆曰相；其交接而扶助者，则为相瞽之相。"这是"相"的引申义。因为眼睛看到树木等物，因此凡是彼此交接都称"相"，

❸　　　　　　❹

即互相、共同的引申义,比如"相思"就是互相思念。当作这个义项的时候,读作"xiāng"。由交接又可以引申出扶助之意,所谓"相瞽之相","瞽"(gǔ)是盲人,相瞽当然就是帮助盲人,宰相、丞相当然就是专门辅助国君的大臣;由看到对方的样子又可以引申出相貌之意。这些义项也当作名词使用,读作"xiàng"。

有趣的是"相公"这个流行于古代小说、戏曲和日常口语中的称谓。"相公"的"相"到底和"相"的本义有什么关系呢?很多辞典都语焉不详,或者知其然而不知其所以然。

"相公"的"相"最早是由丞相的称谓而来。西汉的丞相封侯不封公,东汉的丞相不封侯,到了曹操,以丞相的官职封魏公,因此称为"相公"。王粲《从军行》诗中写道:"从军有苦乐,但问所从谁。所从神且武,焉得久劳师。相公征关右,赫怒震天威。"尊称曹操为"相公",后来就把所有的丞相都敬称为"相公"。

"相公"因为是尊称,所以在官本位的中国古代,凡是当官的后来都被称作"相公",以至于有学者愤愤不平:"今凡衣冠中人,皆僭称相公,或亦缀以行次,曰大相公、二相公,甚无谓也。"

这一对官吏的敬称,到了清朝,竟然成了男妓的代名词!北京、天津一带的传统戏剧将小旦称作"相公",小旦是由男演员扮演年轻女子,因此小旦一定要长得漂亮,中国历来又有蓄养男色的传统,漂亮的小旦们当然是达官贵人们蓄养的首选。清人徐珂的《清稗类钞》中说:"都人称雏伶为'像姑',实即'相公'二字,或以其同于仕宦之称谓,故以'像姑'二字别之,望文知义,亦颇近理。""像姑",顾名思义,是形容年轻男子长得像姑娘;而"相公"之"相",除去丞相的称谓,亦可从本义理解,察看、审视一番这个年轻男子的长相。丑男当然用不着如此细致地审视,能够经得起如此细致审视的,当然就是漂亮的男子,漂亮男子才可做男妓。"相公"和"像姑",音、义一一对应。

清代《朝市丛载》中收录了一首咏"相公"的诗,非常形象地描绘了这种男妓或者男娼的做派:"斜街曲巷趋香车,隐约雏伶貌似花,应怕路人争看杀,垂帘一幅子儿纱。"可不就是"像姑"或"相公"称谓的形象写照!

# 保

## 把孩子背在背上

岳僧互乞新诗去，酒保频征旧债来
——韩偓

① ②

古代把酒肆里的伙计称作"酒保"，今天虽然已经不这样叫了，但是古代通俗小说和古装电视剧中常常还有这样的称谓，因此今天的人们对"酒保"这个称谓非常熟悉。

为什么叫"酒保"。"酒保"最早写作"酒人保"或"酒家保"，《史记·季布栾布列传》："穷困，赁佣于齐，为酒人保。"裴骃集解："酒家作保佣也，可保信，故谓之保。"颜师古注："谓庸作受雇也。为保，谓保可任使。"《后汉书·杜根传》："因得逃窜，为宜城山中酒家保。"李贤注："言为人佣力保任而使也。"裴骃、颜师古和李贤的解释都似是而非，无非是说之所以叫"酒人保"或者"酒家保"，是因为受雇于人，可以相信他因而也可以用他为顾客服务。

古代用作"雇佣"这个意思的字眼有很多，比如雇、赁、佣、庸都是这样的意思。不过"庸保"或者"保庸"的称谓更常见，《史记·刺客列传》："高渐离变名姓为人庸保。"《史记·司马相如列传》："（相如）与保庸杂作。"关于"庸保"，颜师古解释道："庸即谓赁作者，保谓庸之可信任者也。"跟上述解释相同，但

❸ ❹ ❺

是仍然没有解释清楚到底为什么叫"保"。

"保庸"一词出现得非常早,《周礼》中统治人民的八种方法之一就有"保庸":"一曰亲亲,二曰敬故,三曰进贤,四曰使能,五曰保庸,六曰尊贵,七曰达吏,八曰礼宾。"这八种统治术分别解释于下:"亲亲"是爱自己的亲属,"敬故"是不怠慢故旧,"进贤"是进见贤能之士,"使能"是任用有才能的人,"尊贵"是尊敬贵人,"达吏"是举荐勤劳的小吏,"礼宾"是礼敬宾客。那么"保庸"呢?郑玄解释道:"保庸,安有功者。"贾公彦解释得更明白:"保,安也;庸,功也。有功者上下俱赏之以禄,使心安也。"

受雇于人的"保庸"或者"庸保"一词即由此而来,意思是必须要付给雇佣的人一定的报酬,这样被雇佣的人才会安心工作。裴骃、颜师古和李贤对"保"字的解释之所以似是而非,是因为他们都没有突出"保"有"安"的意思。

"保"这个字很有趣,甲骨文字形❶,这是一个会意字,左边是弓着背的人,右边是"子",会意为把孩子背在背上。金文字形❷,同于甲骨文。金文字形❸,这个字形极其美丽,而且令人感动,大人伸出长臂,将孩子呵护在怀里,关爱之情,如在目前。金文字形❹,给孩子头上添加了一块玉,表示珍贵之意。小篆字形❺,孩子的样子变成了"呆",完全看不出本来面目了。

《说文解字》:"保,养也。"这并非"保"的本义,唐兰先生指出了许慎为什么释义错误:"负子于背谓之保,引申之,则负之者为保;更引申之,则有保养之义。然则保本象负子于背之义,许君误以为形声,遂取养之义当之耳。""保"又引申出"安"的意思。

"酒保"这一俗语即紧承"保庸"而来,指老板付给"酒保"报酬,"酒保"方才能够安心为老板工作,才值得老板信任。"酒保"一词出现得非常早,战国时期的《鹖(hé)冠子》一书中已经两次出现:"酒保先贵食者。"酒保的天职当然是先招呼照顾食客了。"伊尹酒保",辅佐商朝开国君主成汤的名臣伊尹就曾经当过酒保。可见"酒保"的来历有多么古老。

《笠森阿仙与戴袖头巾的年轻武士》（笠森お仙と袖頭巾の若侍）
铃木春信绘·1768—1769 年

　　日本江户时代茶屋盛行。中国茶馆、酒馆通常雇佣男性伙计当酒保、茶博士，江户茶屋则大多雇佣 12 到 18 岁的女孩做侍者，由是诞生了"茶汲女"这个职业。与风月场女子不同，"茶汲女"并不提供情色服务。每天，她们在茶屋铺好茶席，用小茶炉煎茶，奉给来往客人。客人大多是年轻武士。江户时代规定所有大名每隔一段时间必须来江户城"参勤交代"，当时有大量武士来往于江户城和各沿途驿站。画面上，当时最具人气的茶屋女侍阿仙正在向一位戴黑色袖头巾的年轻武士奉上一盏清茶。女子身形纤细窈窕，男子注视她的容颜，露出迷恋仰慕神情。

　　阿仙是笠森稻荷门前水茶屋"键屋"的招牌女侍，"明和三美人"中最为著名的美女，无数男子为一睹她的美貌涌至键屋吃茶。阿仙之所以有这样高的人气，一大原因是浮世绘师铃木春信的偏爱，绘制了大量以她为主角的画作。

# 遗

## 用双手捧着贝去送给别人

闻说天台有遗爱，人将琪树比甘棠
——刘禹锡

❶　　　　❷

今天"遗"的义项多为遗失，但本义并非如此。遗，金文字形❶，这是一个会意字，左边是"彳"，行走，右边的三个组成字符分别是：下面是贝，上面是两只手，两只手中间的一竖表示上下贯通。整个字形会意为：用双手捧持着贝，前去送给别人。这只贝可不是一般的贝，而是子安贝，它不仅被当作珍宝，还用作祭祀的器具。也有学者认为右上部为双手持草筐之形，贝从草筐中掉了下来，会意为丢失。

遗，金文字形❷，左右结构变成了上下结构，而且子安贝的形状有所变异。金文字形❸，右下又添加了一只脚。小篆字形❹，变成了一个左形右声的形声字。楷书繁体字形❺，直接从小篆字形演变而来。

《说文解字》："遗，亡也。"许慎的解释并非"遗"字的本义，本义是给予、馈赠，双手捧持着贝去送给别人。因此"遗"字的最初读音是"wèi"，古籍中常常有"遗某某书"的字句，意思就是送给某某的书信。站在馈赠者的角度来看，把东西送出去就等于失去，因此"遗"引申为遗失、舍弃、残留、遗忘等义项，也就是许慎所说的"亡也"。当作这个义项的时候，读作"yí"。人

       𢓊         遺         遺

❸       ❹       ❺

们都不愿遗失东西，遗失东西都是不由自主的行为，因此再引申开去，把不由自主的排泄也称作"遗"，比如男人"遗精"，是梦中不由自主的行为。最能说明这个义项的是东方朔，有一次东方朔喝醉后上殿，"小遗殿上"，撒了一泡尿，被以"不敬"的罪名免官。

    古人不论男女皆留发，头上有很多饰物，因此常常"遗簪"，并因此而成为一个典故。据《韩诗外传》记载，孔子有一次出游，看到一位妇人在水边悲伤地哭泣，弟子上去询问，妇人回答道："乡者刈蓍薪，亡吾蓍簪，吾是以哀也。""刈"是割草，"蓍"（shī）是蓍草，用蓍草做的簪子叫蓍簪。可见这位妇人很贫穷，割草的时候掉了蓍簪，就悲伤地哭泣。弟子觉得很可笑，问道："刈蓍薪而亡蓍簪，有何悲焉？"妇人回答道："非伤亡簪也，盖不忘故也。"不是为遗失了蓍簪而悲泣，而是不忘故物的缘故。因此"遗簪"就用来比喻旧物或故情。

    刘禹锡有诗："闻说天台有遗爱，人将琪树比甘棠。""甘棠"即棠梨树。辅佐周武王灭商的召公巡行乡邑，在棠梨树下处理政事，公正无私，毫无瑕疵，召公去世后，老百姓思念召公的美政，不敢砍伐棠梨树，并在树下作歌，这就是《诗经》中的《甘棠》之诗。后人因此用"遗爱"或"甘棠遗爱"颂扬离去的地方官的政绩。"遗爱"的"遗"，就是指留存下来的爱民之情。

# 专

## 用手旋转纺砖来织布

> 父母在，馈献不及车马，示民不敢专也 ——《礼记》

❶

❷

"专"的繁体字是"專"。张舜徽先生说："近世诸儒，说此字皆未安。"可见这是一个争议颇多的汉字。有学者认为"专"是"转"的本字，也有学者认为是"砖"的本字。我们先来看看这个字的演变过程。

专，甲骨文字形❶，这是一个会意字，右边是一只手，看得清清楚楚，左边是什么东西呢？徐中舒先生认为"正像纺砖之形"，上面的三叉形"代表三股线，纺砖旋转，三线即成一股"，因此此字"示以手旋转纺砖之意，为转之本字"。纺砖两端尖，中间粗，正是这个字形的形象写照。右边的那只手靠近纺砖的最下端，也正是手持的位置。有过农村生活经验或者见过纺织作坊的读者，对这个字形应该有最真切的认知。

专，甲骨文字形❷，大同小异，手换到了左边，仿佛是一个"左撇子"在纺织。甲骨文字形❸，纺砖上横缠了两道丝线。甲骨文字形❹，纺砖上横缠的丝线越来越多。郭沫若说"专字金文未见"，也就是说金文中尚未发现独立的"专"字，不过"传"的右边字形❺正是"专"字，手移到了最下端，而且和纺砖的最下端连为一体，正是手持之状。小篆字形❻，下面变成了"寸"，"寸"也是手形，不过多加了一横指示腕下一寸之处的

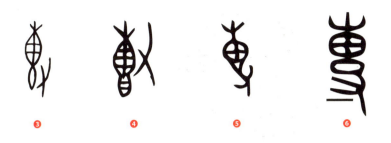

❸ ❹ ❺ ❻

"寸口",为中医切脉之处。简化后的简体字则完全看不出造字的本义了。

《说文解字》:"专,六寸簿也……一曰,专,纺专。""纺专"即纺砖。《诗经·斯干》中有关于生男生女的著名诗句:"乃生男子,载寝之床。载衣之裳,载弄之璋。"生了男孩儿,就让他睡在榻上,给他穿上衣服,让他玩璋这种玉器。"璋,臣之职也",让男孩儿从小就玩璋,寄寓着祝贺男孩儿长大后成为执璋的王侯,因此生男孩儿称作"弄璋之喜"。"乃生女子,载寝之地。载衣之裼,载弄之瓦。"裼(tì)是襁褓。生了女孩儿,就让她睡在地上,把她包在襁褓里,给她玩"瓦"。"瓦"就是纺砖,因是陶制,故称"瓦",因此生女孩儿称作"弄瓦之喜"。

《礼记·坊记》中记载孔子的话说:"父母在,馈献不及车马,示民不敢专也。"意思是父母还在世的时候,馈赠别人的时候不能赠送车马这样的贵重东西,以示自己不敢专断,自作主张。那么,"专"为什么会由纺砖引申出专一、专断的义项呢?清代学者徐灏说:"收丝之器谓之专……以其圆转收丝也。"纺砖将纺好的丝线全都收拢到自己身上,不正是独占的形象写照吗?专一、专断之义即由此引申而来。

至于许慎所说的"专,六寸簿",张舜徽先生有过详细辨析。《史记·秦始皇本纪》载:"数以六为纪,符、法、冠皆六寸。""簿"即文簿,"六寸簿"指秦代的法律文簿,以六寸为制。这又是由独占引申出的义项:专断。司马迁形容秦始皇"刚毅戾深,事皆决于法""专任狱吏",因此许慎用"六寸簿"来释"专",寓讽刺秦政专断于说字之中。

《妇人手业拾二工 织》

喜多川歌麿绘,1798—1799 年

作为"大首绘"的创始人,喜多川歌麿(1753—1806)代表着浮世绘美人画的巅峰。他活跃于浮世绘黄金时期,以纤细高雅的笔触绘制了许多近景特写美人,竭力探究女性的喜怒哀乐与种种微妙情态之美。他笔下不再是千篇一律的美人形象,而是各具情感个性。

《妇人手业拾二工》系列描绘了从事十二种手工业的女性形象,她们健朗朴实的面貌与娇媚的游女相比另具一种劳动之美。这幅画的是女织工。她包着头巾坐在老式织机前,一手持木梭,另一手握提综杆,额上一缕头发因劳作松落下来。之所以暂停"唧唧复唧唧"的织机声,是因为有女主顾拿着一卷格子布料来找她,两人似就花色或质地在进行讨论。

纺线织布是中国古画和日本浮世绘常用的女性题材。东汉王逸《机妇赋》云:"纤纤静女,经之络之""动摇多容,俯仰生姿。"写出织布劳作充满节奏感的美好画面,只是略去了其中的辛苦繁复。

# 尧

## 人头顶着两个陶罐

> 翼善传圣曰尧 ——蔡邕

上古时期帝尧,为五帝之一,历代典籍都认为"尧"是死后的谥号。但周公制谥,周代的时候才开始有了谥号,而甲骨文中已出现了"尧"的人名或国族名。况且,东汉学者蔡邕在《独断》一书中说:"翼善传圣曰尧。"翼善,辅助善行;传圣,传承圣人之道。这个谥号显然是根据帝尧一生的德行总结出来的,因此,"尧"是帝尧的号之一,而不可能是死后的谥号,只是后来才赋予"尧"这个字"翼善传圣"的含义。

"尧"的繁体字是"堯",甲骨文字形❶,包括许慎在内的学者们都认为这是一个会意字,《说文解字》:"尧,高也。"但这个字为什么当作"高"来讲,殊不可解。我们看甲骨文字形,下面是一个半蹲着的人,上面是什么呢?按照许慎等学者的意见,这是两座小土堆,用人头顶着两座土堆来会意"高"之义。但是人头顶着两座土堆何以就能会意为"高"?所以这是一种非常奇怪而且牵强的解释。

虽然这个字形上面的两个字符确实跟甲骨文"土"字的形状很像,但我认为这不是两座小土堆,而是两个陶器或者陶罐的象形。因此这是一个象形字,像一个人头顶着两个陶器或陶罐的样子。帝尧是陶唐氏部落的首

领，该部落擅长制陶，封地就称"陶"。帝尧以"尧"为号，正是对自己部落最重要特征的精确概括，同时也以制陶工艺而自豪，因为陶器的发明是人类文明发展的划时代标志，擅长制陶的部落，当时即处于文明发展的高端。尧之所以能够继承帝位，正是因为处于文明发展高端的缘故；同理，舜之所以能够继承尧的帝位，也是因为舜部落擅长制陶，处于文明发展高端的缘故。所谓尧禅让舜，并不是无缘无故的事件。

尧，《说文解字》中收录的古文字形❷，区别于甲骨文和金文的刀刻，由于书写工具的柔软化和象形成分的减弱，这个字形上面的陶器或陶罐形被两个"土"字代替，制陶需用土坯，因此这种替换也是顺理成章的，不过正是因为这一替换方才导致了从"土"会意的误解。小篆字形❸，上面添加到三个"土"，下面的人形讹变为"兀"，因此许慎解释说："从垚在兀上，高远也。""兀"是"高而上平"之义，即所谓"突兀"；"高而上平"之上再添加三堆土，积累而上，因而会意为"高远"，但却与"尧"的甲骨文字形严重不符。因此"尧"的本义并非"高也"，比喻太平盛世的"尧天"，代指疆域的"尧封"等词都没有高或者高远之意，而是以尧的丰功伟绩作为修饰词。

也有学者认为"尧"的甲骨文字形中，上面是烧陶的窑包之形，会意为"人在窑包前烧窑之意"。但该字形中，这两个字符明明置于人的头顶之上，人头顶着两座炽热的窑包未免太过沉重，当然也根本不可能；而人头顶着两个陶器或陶罐行走，则即使在今天也是常见的现象。

# 吹

## 跪坐着的人张开嘴用力吐气

> 吹嘘，扇拂相佐助也
> ——郭璞

❶　　　　❷

"吹嘘"在今天是一个不折不扣的贬义词。那么，"吹"和"嘘"有什么区别？两个字组合在一起为什么可以表示吹捧之意呢？

吹，甲骨文字形❶，这是一个会意字，左边是一个半跪着的人的侧面，这个人张大了嘴，右边则是"口"。人用力吐气之前必须先张开嘴巴，因此这个字形就会意为张口吐气。甲骨文字形❷，这个面朝右的人的跪姿叫"跽"，上身挺直，双膝着地，可见"吹"是一种需要用力的动作。金文字形❸和❹，大同小异。金文字形❺，左边人的跪姿不太明显，但是嘴巴张得更大了，似乎能真切地感受到他吐气的力量之大。小篆字形❻，右边张口的人形变化较大，有人认为上面的三撇表示呼出的三缕气，但其实是甲骨文和金文字形的讹变。

《说文解字》："吹，嘘也。"许慎在解释"嘘"字时则说："嘘，吹也。"这种释义方法称作"互训"，以意义相同之字相互训释，但二者的细微区别却被忽略了。《康熙字典》引用两部字书，详细解释了"吹"和"嘘"的区别。《声类》："出气急曰吹，缓曰嘘。"《正韵》："蹙唇吐气曰吹，虚口出气曰嘘。吹气出于肺，属阴，

故寒;嘘气出丹田,属阳,故温。"

可以对比一下"吹"的字形,上身挺得那么直,嘴巴张得那么大,吐气一定非常用力,吐出的气当然急促而寒冷,因此"吹"的动作非常用力,所以可以组成吹牛、吹法螺、吹得天花乱坠、吹胡子瞪眼睛等词语,又因为"吹"的是冷风,可以组成风吹雨打、吹风等词语;而"嘘"的动作较缓慢,"嘘"出的又是热风,因此可以组成嘘寒问暖、嘘叹等词语,日常生活中让别人安静也用一声"嘘"。

西汉学者扬雄在《方言》一书中说:"吹,扇,助也。"郭璞解释说:"吹嘘,扇拂相佐助也。"郭璞口中的"吹嘘"一词已引申为褒义词,形容互相帮助,奖掖后进,提拔人才,都属于职责范围之内的正当行为,并没有今天"吹嘘"义项中空口说白话的含义。《宋书·沈攸之传》:"故司空沈公以从父宗荫,爱之若子,卵翼吹嘘,得升官秩。"古代社会讲究门第,沈司空为侄子"吹嘘"的行为也谈不上什么不光彩。

不过"吹嘘"最早是一个中性词,《后汉书·郑太传》中,郑太评价豫州刺史孔伷"清谈高论,嘘枯吹生",李贤解释说:"枯者嘘之使生,生者吹之使枯,言谈论有所抑扬也。"嘘气温暖,吹气寒冷,因此嘘枯树可使其生,吹活树可使其枯,正是"吹嘘"一词的生动写照。

南北朝时期著名的《颜氏家训》中写道:"有一士族,读书不过二三百卷,天才钝拙,而家世殷厚,雅自矜持,多以酒犊珍玩交诸名士,甘其饵者,递共吹嘘。""吹嘘"的结果是,此人有一次在文人雅士聚会的场合露了馅。这里的"吹嘘"就是名实不符地瞎吹一气,"吹嘘"从此变成了一个贬义词,沿用至今。

# 省

## 一只大眼睛仔细观察初生的小草

昏定而晨省 ——《礼记》

❶

❷

"省"这个字，今天最常用的义项为省份和省略。上"少"下"目"的这个"省"字，为什么能够表示这样的意思呢？其实"省"字属于字形讹变非常显著的汉字之一，原来的"省"字并非从"少"。

省，甲骨文字形 ❶，这是一个会意字，下面是一只大眼睛，横目，上面是初生的一株小草。张舜徽先生认为："此字盖取象于种植之事，草木初生，必数数视之，以察其土壤之温湿，根叶之荣枯，此省字得义之本也。"这个字的造字思路和"相"如出一辙："相"是一只大眼睛在观察树木，而"省"是一只大眼睛在观察初生之草。因此"相"的本义即"省视"。树木当然比小草庞大，因此"省"更偏重于观察细微之物或细微之处。

省，甲骨文字形 ❷，大同小异。金文字形 ❸，眼睛的样子栩栩如生。金文字形 ❹，小草中部填实的圆点表示土壤，草木初生，当然要从土壤里拱出来。金文字形 ❺，小草中部的圆点变成一横，更像地面的形状，这个字其实就是"生"，仍然表示眼睛在观察从地面上拱出的小草。小篆字形 ❻，上面初生的小草开始变形，似"眉"非"眉"，隶书则干脆讹变为"少"。今天使用的"省"

❸ ❹

字即是讹变后的字形。

《说文解字》:"省,视也。从眉省,从屮。""省"的本义即为省视,但许慎"从眉省"的析形是错误的,从上述字形演变即可看出。白川静先生则认为甲骨文和金文字形上面并非草木初生之形,而"可能属于贴于眼眉处的饰物之形。为了增强眼的祝咒之力,常贴上眉饰。用持有祝咒之力的目来张望、巡察、巡视,谓'省'"。甲骨文和金文中中、生等字符都是草木初生之形,因此白川静先生释为眉饰虽然新颖,但却与此类字形不符。

甲骨卜辞中屡有省田的记录,即占卜商王前去视察、巡视田猎的情形。由向外的视察可以引申为向内的反省,比如曾子的名言"吾日三省吾身",这种用法的"省"读作 xǐng。"三省吾身"是反省、检查自己的内心,以便减少错误,因此"省"又引申为除去、减少、省略。"省"由省视又可引申为探望、问候长辈。《礼记·曲礼上》中有"昏定而晨省"的规定,这是儿子对父母之礼。郑玄解释说:"安定其床衽也,省问其安否何如。"孔颖达则进一步解释说:"定,安也。晨,旦也。应卧,当齐整床衽,使亲体安定之后,退。至明旦,既隔夜,早来视亲之安否何如。"此之谓"昏定晨省"。

至于"省"当作省份讲,则来自"省中"的称谓。蔡邕在《独断》一书中说:"禁中者,门户有禁,非侍御者不得入,故曰禁中。孝元皇后父大司马阳平侯名禁,当时避之,故曰省中。"不过,在为《汉书·昭帝

❺

❻

纪》所做的注中,颜师古则如此解释"省中"的称谓:"省,察也,言入此中皆当察视,不可妄也。"这种解释最符合"省"的本义:进入皇家宫禁,小心翼翼地到处察视细微之处,生怕一不小心失礼或者闯进不该进入的地方。

由"省中"而将政府的主管部门也引申称作"省",比如唐代的尚书、门下、中书、秘书、殿中、内侍六省。自宋代始,中央政府派省官出使地方称"行省",元代沿用,"行省"(简称"省")遂成为地方最高行政区域的名称。

《全本红楼梦·省宫闱贾元妃染恙》
清代孙温、孙允谟绘,绢本设色,旅顺博物馆藏

孙温，字润斋，河北丰润人，生卒年说法不一，只知他经历了嘉庆、道光、咸丰、同治、光绪等数个朝代，至《红楼梦》绘本完成时已73岁。这本《红楼梦》画册由孙温、孙允谟耗时36年精心绘制而成，孙温是主要构思绘制者。全本共24册，推篷装，总计230开，工笔重彩，不厌其烦描绘了大观园全景及《红楼梦》故事，情节详尽，笔法精细，设色妍丽，篇幅宏大，为清代同题材绘画作品所仅见。其中3000多人物采用写真技法，形神兼备，细致入微，洵为"红楼瑰宝"。

"省宫闱贾元妃染恙"出自书中第八十三回。时元春染病，对于本就在走下坡路的贾府来说，实非佳兆。宫中传旨，宣召亲丁四人进里头探问。时辰也已定好，辰巳时进去，申酉时出来。于是贾母、邢夫人、王夫人、凤姐儿四个"亲丁"奉召入宫。男丁们只能在内宫门外请安，不得入见。贾母等各有丫头扶着步行至元妃寝宫。请安毕，元妃赐坐，略说几句话，双方落泪。然后赐宴、领宴、谢宴，走完整套繁冗程序，便匆匆出宫了。整个过程索然无味，只见君臣之别，不见天伦之情，比元春省亲一幕惨淡得多了。

# 晋

## 两支箭投入盛有小豆的壶中

> 晋，进也，明出地上
> ——《易经》

"晋"这个字，学者们多认为是"搢"字的初文，意思是插入。比如代指士大夫的"缙绅"这一称谓，"缙"通"搢"，"绅"是束腰的大带子，士大夫上朝的时候，要将用来记事的手板插进带子里面，这就叫"搢绅"，因此借指用作士大夫的称谓。那么我们来看看"晋"为什么会有这样的义项。

"晋"的繁体字是"晉"，甲骨文字形 ❶，上面是两支带箭头的箭，下面好像"日"字，但其实不是"日"，而是一种容器。是什么容器呢？有学者认为是插箭器，也有学者认为是一种叫"箙（fú）"的器具，"箙"是竹制或兽皮所制的盛箭的器具。整个字形会意为两支箭插入盛箭的器具。

但是我对这种解释有两点疑问：第一，为什么偏偏用两支箭，而不是用一支或三支甚至更多支箭来会意？第二，下面盛箭器中的一横代表什么？如果箭已插入，就不应该再用这多此一举的一横来表示器中有物，而"晋"的甲骨文字形中毫无例外都有这一横。

我认为"晋"的这个字形是用投壶之戏来会意的。投壶这种游戏是根据射箭礼而来的，《礼记》中记载了

❸ ❹ ❺

具体的投壶之礼和使用的器具。上面的两支箭就是投壶所使用的箭，下面的器具就是投壶所使用的壶，壶中的一横代表里面所盛的小豆，正如《礼记·投壶》所载："壶中实小豆焉，为其矢之跃而出也。"壶中盛有小豆是为了防止投入的箭跳出来。

那么为什么用两支箭来会意呢？这是因为投壶时以四支箭为一轮，而壶口直径仅有二寸半，连续投入两支箭叫"连中"，已经属于高超的技艺，连续投入三支和四支箭，那简直就是超一流选手的神技了，因此取其中选取两支箭来会意。

晋，金文字形 ❷，下面鼓腹之壶的样子更加明显。金文字形 ❸，上面是两支去掉了箭头的箭。金文字形 ❹，上面的箭同样去掉了箭头，只剩下箭杆，下面的壶形因为加深而变形了。小篆字形 ❺，上面的箭变形严重，以至于许慎误认为这是两个"至"，表示到的意思。

《说文解字》："晋，进也，日出万物进。"许慎并引用《易经》的"晋"卦："晋，进也，明出地上。""晋"下面的投壶之形被误认作"日"，因此才会附会出日出地上的解释，其实是错误的。"晋"的本义就是用箭入投壶会意为插入；又由于汉语中独特的反义同字或反义同词现象，即一个字或一个词既可以表示正面意思又可以表示反面意思，"晋"因此引申为出、上升之意，比如晋升、晋级。

周成王时，将弟弟叔虞封于唐，故称唐叔虞，他的儿子燮继位后更名为晋，这就是春秋五霸之一的晋国。晋国为何称"晋"？文献记载是因为燮迁居到晋水旁，故以"晋"为名。但是晋水又为何称"晋"呢？文献没有记载。据《山海经·北山经》载："县雍之山，其上多玉，其下多铜……晋水出焉"。"县雍"通"悬瓮"，县雍之山即悬瓮山，山腹有巨石如瓮形，因以名山。瓮的形制和壶的形制几乎一模一样，这让我们联想起"晋"的甲骨文和金文字形下面的那个投壶之形，箭之"入"和水之"出"又是同字反义，也许这就是水出悬瓮山给予古人的灵感？

❶    ❷

# 旋

## 士兵的脚步随着旗帜的指向而转移

行步中规，折旋中矩

——《韩诗外传》

"旋"是一个非常有意思的汉字，我们看这个字现在的字形，想破脑袋也想不出它到底为什么能够表示旋转、返回等义项，但是，如果看了它的甲骨文和金文字形，一目了然，凭视觉就可以理解它的意思。

旋，甲骨文字形❶，这是一个会意字，上面是一面旗帜，竖直的旗杆上飘扬着两根流幡，下面是一只脚，整个字形会意为人的脚随着旗帜的挥舞而移动。甲骨文字形❷，下面变成了"足"，更突出这是人的脚在移动。甲骨文字形❸，左边添加了一个"彳"，用十字路口的一半表示行走或道路，这个字形强调了旗帜挥舞、军队行进的景象。金文字形❹和❺，仍然是旗帜和脚。小篆字形❻，旗帜的形状不像了，下面还是"足"。楷书字形则变"足"为"疋"，"疋（shū）"还是脚的模样。

《说文解字》："旋，周旋，旌旗之指麾也。"《尚书·牧誓》形容周武王伐纣的时候"左杖黄钺，右秉白旄以麾"，黄钺是饰以黄金的战斧，白旄是饰以牦牛尾的军旗，"秉白旄以麾"正是"旋"字字形的形象写照。因此"旋"的本义是转移，张舜徽先生说："士卒之足，悉随旌旗所指以为转移，因引申为凡转移之称。"《商

❸ ❹ ❺ ❻

君书·画策》中说:"三军之众,从令如流,死而不旋踵。""旋踵"意为掉转脚后跟逃跑,"不旋踵"指勇往直前,看看"旋"的甲骨文字形中的那只脚,正是勇往直前之状。

古人见面必行礼,而"旋"是行礼时必不可少的一个动作。《韩诗外传》详细地描述了这套行礼的动作:"立则磬折,拱则抱鼓,行步中规,折旋中矩"。"磬(qìng)"是石制或玉制的乐器,形如曲尺,"磬折"的意思是屈身弯腰行礼的时候,身体像磬一样曲折,这是恭敬的表示;拱手的样子则像抱着一面鼓;行走的时候不能直来直去,要像圆规一样屈曲回旋,《礼记·玉藻》的表述则是"周还中规","周还"即"周旋";折旋中矩,《礼记·玉藻》的表述则是"折还中矩","折还"即"折旋",直走再横走,就像曲尺一样。

这套礼节在今天的人们看来无比麻烦,但是孟子却称赞道:"动容周旋中礼者,盛德之至也。"

"旋"由转移又可引申为返回或归来,比如凯旋,"凯"是得胜后所奏的军乐,奏凯而归,吹奏着得胜的军乐返回,就叫"凯旋"。

"旋"还有一个最有趣的义项,同时也鲜为人知。据《左传·定公三年》记载,邾国国君邾庄公和大夫夷射姑喝酒,夷射姑出去小便,守门人向他讨肉吃,夷射姑夺过他手中的棍子就打过去。过了一段儿时间,这个守门人用瓶盛水冲洗庭院,邾庄公看到很生气,守门人说:"夷射姑旋焉。"

杜预解释说:"旋,小便。"郑庄公派人去抓夷射姑,却没有抓到,更加生气,从床上跳下来,正好掉在炉炭上,皮肉溃烂而死。真是一个性急的国君!

"旋"为什么会当作小便讲呢?左民安先生认为"旋"的引申义是"一会儿",而小便也是一会儿就结束,因此可以当小便讲。这个解释太过弯弯绕,我倒觉得当作小便讲的"旋"和"漩"是通假字,形容尿水回旋的状态。

# 糞

## 双手持着簸箕清除污秽

凡为长者粪之礼，必加帚于箕上
——《礼记》

❶ ❷

"粪"虽然是极其污秽的一个字，但却与人们的日常生活须臾不离，古今皆然，因此，这个字一定造得非常早。而且，既然与生活息息相关，那么也一定会产生一些有趣的用法。

"粪"的繁体字是"糞"，甲骨文字形❶，这是一个会意字，下面是两只手，上面是一只簸箕，会意为双手持着簸箕清除污秽。甲骨文字形❷，变得复杂起来了。下面还是两只手，右手持着一把扫帚，上面的簸箕里溅出了三点，表示尘土或秽物。甲骨文字形❸，换成了左手持着扫帚。战国印文字形❹，这个时代使用的簸箕更加美观，装上了长柄，上面尘土或秽物的形状被误写成了"米"。小篆字形❺，上面的"米"彻底定型。

《说文解字》："糞，弃除也。"许慎又引用官溥的说法："似米而非米者，矢字。""矢"即"屎"。不过从甲骨文字形来看，簸箕中的三点不可能是屎，哪里有用扫帚把排泄物扫到簸箕里的道理呢！这是根据小篆字形做出的错误解释。"粪"的本义就是清除，古人也屡屡使用"粪除"一词。

《礼记·曲礼上》中规定："凡为长者粪之礼，必

❸　　　　　　　❹　　　　　　　❺

加帚于箕上，以袂拘而退；其尘不及长者，以箕自乡而扱之。"这是为长者扫除布席之礼。必加帚于箕上，一定要把扫帚放在簸箕上面，双手持着簸箕，以表示恭敬。这一场景正是"粪"的甲骨文字形 ❷ 和 ❸ 的形象写照。清除秽物的时候，一只手持着扫帚，另一只手要撩起衣袂遮挡在扫帚前面，且扫且退，这也是恭敬的表示。将秽物扫进簸箕的时候，要把簸箕的入口面向自己，而不能面向长者，以免尘土溅到长者身上。古人礼节之烦琐，一至于此！

范文澜《中国通史》在论述战国时期农业的进步时写道："《周礼·草人》分土壤为九类，用九种动物骨煮汁拌谷物种子，种在一定的土壤上，称为'粪种'。"据《周礼》记载，草人的职责是"掌土化之法以物地，相其宜而为之种"。所谓"土化"，指施肥使土壤熟化，从而改良土壤；所谓"物地"，指观察土地的形色，看看适合种植哪种谷物。

《周礼》接着分土壤为九类："凡粪种，骍刚用牛，赤缇用羊，坟壤用麋，渴泽用鹿，咸潟用貆，勃壤用狐，埴垆用豕，强㯺用蕡，轻㸮用犬。"粪种，郑玄解释说："凡所以粪种者，皆谓煮取汁也。"

这九种土壤所用的动植物不同：骍（xing）刚是赤色的坚土，要用牛骨煮汁拌谷物的种子种植；赤缇（tí）是浅红色的土壤，要用羊骨煮汁拌谷物的种子种植；坟壤是膏腴的土壤，要用麋（鹿的一种）骨煮汁拌谷物的种子种植；渴泽是干涸后的水泽，要用鹿骨煮汁拌谷物的种子种植；咸潟（xì）是盐碱地，要用貆（huán）即幼小的貉的骨头煮汁拌谷物的种子种植；勃壤是松散的土壤，要用狐狸的骨头煮汁拌谷物的种子种植；埴垆是黏而疏松的土壤，要用猪骨煮汁拌谷物的种子种植；强壏（xiàn）是坚硬结实的土壤，要用蕡（fén）即大麻籽煮汁拌谷物的种子种植；轻爂（xué）是轻脆而燥、缺乏韧性的土壤，要用狗骨煮汁拌谷物的种子种植。

以上九种土壤，唯有"强壏用蕡"，不是使用动物的骨头，而是使用大麻这种植物的籽粒。这就是周代"粪种"的详情，真是精细无比啊！

# 欠

## 一个人侧过身去打呵欠

> 志倦则欠，体倦则伸
> ——郑玄

❶  ❷

古人造字的原则是"近取诸身，远取诸物"，人人都会打呵欠，于是就用这一常见现象造出了"欠"这个有趣的汉字。

欠，甲骨文字形❶，下面是一个侧立的人，上面是张大的口，正是人打呵欠的象形。甲骨文字形❷，是一个跪踞的人在打呵欠。金文字形❸，侧立的人俯身打呵欠。小篆字形❹，上面讹变为三撇，表示打呵欠时张口呼出的气。

《说文解字》："欠，张口气悟也。象气从人上出之形。"凡是从"欠"的字都跟张口出气有关，比如"歡（欢）"是表示喜乐的欢声、欢呼，"歌"是张口唱歌，气息涌出，"吹"是吹气；有趣的是，向里吸进也用"欠"来表示，比如"飮（饮）"。

打呵欠既为人的肢体语言，相应地就产生了与之有关的礼仪。《仪礼·士相见礼》载："凡侍坐于君子，君子欠伸，问日之早晏，以食具告，改居，则请退可也。夜侍坐，问夜，膳荤，请退可也。"

君子指卿大夫或国中贤者，这是晚辈或卑者侍坐于君子的礼仪。欠伸，郑玄注解说："志倦则欠，体倦则

伸。"打呵欠指精神倦怠，伸懒腰则指身体倦怠。凡是侍坐于君子，君子打呵欠，伸懒腰，询问时间早晚，就告诉他饮食已经备办好了。君子不断变换坐姿，这是疲倦的表示，侍坐者就可以告退了。如果是晚上侍坐于君子，君子询问现在是什么时间，并且用葱、韭等辛辣之物提神，那么也可以告退了。

《礼记·曲礼上》篇中也载有相应的礼仪："侍坐于君子，君子欠伸，撰杖屦，视日蚤莫，侍坐者请出矣。侍坐于君子，君子问更端，则起而对。侍坐于君子，若有告者曰：'少间，愿有复也。'则左右屏而待。"

撰，持，拿住；屦（jù），鞋；蚤莫，通"早暮"，早晚；更端，另起端绪，即结束这个话题，问起另一件事；少间，"间"通"闲"，指借用片刻空闲时间；屏，屏退而不走远。

这段话的意思是：侍坐于君子的时候，君子打呵欠，伸懒腰，自己拿起手杖，穿上鞋子，看天色的早晚，侍坐者就可以告退了。侍坐于君子的时候，君子如果从原来的话题转向另一个话题，就要起立应答。侍坐于君子的时候，如果有人来对君子说："想借用您片刻时间，有事相告。"那么侍坐者就要各自退开等待，但不能走远。

以上即为侍坐于君子之礼，侍坐者自己是不能"欠伸"的，否则就是失礼。

至于今天常用的欠缺之意，段玉裁解释说："欠者，气不足也，故引伸为欠、少字。"打呵欠时，人的身体要略略移动，因此又引申为欠身之"欠"。

《山海爱度図会十一 困》(山海愛度図会 ねむつたい 豆州山椒魚 十一)
歌川国芳绘,1852年

　　歌川国芳(1798—1861),号一勇斎、朝櫻楼等,是浮世绘歌川派晚期大师之一。他擅长武者绘、猫绘、鬼怪画,风格新奇大胆,构图往往天马行空,突破原有框架。《山海爱度図会》是成套锦绘美人画作品,又在美人画上添加了描绘各地物产的画中画,副标题末尾都用以"たい"结尾的词,与押韵类似,画中女性表现出相应的种种情态。

　　这幅描绘的是豆州特产山椒鱼,即日本娃娃鱼,小画框中表现了数人举着火把捕鱼的场景。画面主体却是一个女子倚在木箱上打瞌睡。她鬓发散落,一手托腮,睡眼乜斜,一副困倦极了的模样。嘴唇毫无形象地半张着,像是刚刚打了个呵欠,感染得观者也忍不住忽生睡意。

# 丞

## 伸手去救陷阱里面的人

> 前曰疑，后曰丞，左曰辅，右曰弼
> ——《尚书大传》

❶

❷

据《史记·秦本纪》载："（秦武王）二年，初置丞相。"这是丞相作为官职之始。今天使用的"丞"字，义项也仅止于丞相的官职之名，不过，这个字造出来的过程，可全然没有这么简单。

丞，甲骨文字形❶，下面是一个"凵"形的陷阱，陷阱里面掉进去了一个人，陷阱外面有个人伸出双手救这个人出去。甲骨文字形❷，省去了外面的"凵"形陷阱。据此则"丞"和"承"实为一字，区别仅在于有没有外面的陷阱之形。金文字形❸和❹，大同小异，都是用双手托举人的象形。金文字形❺，下面的双手有所讹变，为小篆字形打下了基础。小篆字形❻，果不其然，下面的陷阱之形讹变为"山"，导致后人误释其义。

《说文解字》："丞，翊也。从廾，从卪，从山。山高，奉承之义。""翊（yì）"通"翼"，辅佐。林义光在《文源》一书中解释说："从人在山上……像人登山须扶翼也。"张舜徽先生在《说文解字约注》一书中进一步解释说："人登高山而有人扶翼之谓之丞，反之则人落陷阱而有人援救之亦得谓之丞。甲骨文丞字即像人落阱中而有人援举之形，乃后世通用之拯字。"也

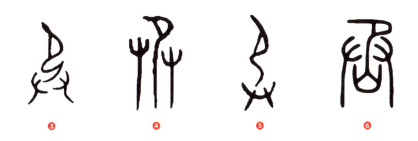

就是说,"丞"是拯救之"拯"的本字,不过,此字并非登山扶翼之形,而是从阱救人之形。

《孝经·谏诤》篇中记孔子之言曰:"昔者天子有争臣七人,虽无道,不失其天下;诸侯有争臣五人,虽无道,不失其国;大夫有争臣三人,虽无道,不失其家;士有争友,则身不离于令名;父有争子,则身不陷于不义。"

所谓争臣、争友、争子,均指直言谏诤之人。其中天子的"争臣",邢昺注引《尚书大传》的佚文:"古者天子必有四邻,前曰疑,后曰丞,左曰辅,右曰弼。天子有问无对,责之疑;可志而不志,责之丞;可正而不正,责之辅;可扬而不扬,责之弼。其爵视卿,其禄视次国之君。"

"四邻"又称"四辅",是天子身边的四位辅臣。"疑"的职责是为天子答疑;"丞"的职责是"志",记录;"辅"的职责是"正",纠正;"弼"的职责是"扬",称扬。合并而称,则为疑丞、辅弼。再加上太师、太傅、太保这"三公",是为"天子有争臣七人"。

不过,"四辅"之说乃是秦汉间人的依托。王莽篡汉,托古改制,置四辅以配三公,又为太子置师疑、傅丞、阿辅、保拂(弼)之官,号为"四师"。西晋文学家潘岳所作《乘舆箴》中有"左辅右弼,前疑后丞。一日万机,业业兢兢"之句,就是这一托古而设的官职的写照。

"丞"专用于官职之名后,古人于是给它添加了一个提手旁,造出"拯"字,来表达拯救的本义。

## 手抓住丝绳系东西

环缨无蕤，以青系为绳
——《后汉书》

首先需要说明的是：系、係、繫这三个汉字音同义同，古籍中往往通用，不过也有若干特定用法不能通用，比如"世系"只能用"系"，"繫辞"只能用"繫"。如今统一简化为"系"，本文就只讲这个看似简单、内涵却非常丰富的"系"字。

系，甲骨文字形❶，可以看得很清楚，上面的"爪"形为人手，下面是两束丝。徐中舒先生在《甲骨文字典》中说："像手持丝形。"朱骏声在《说文通训定声》中说："垂统于上而连属于下谓之系，犹联缀也。"张舜徽先生在《说文解字约注》中说："系当以联繫为本义……正像联缀多丝以手持之之形。"诸说大同小异。

"系"还有一个甲骨文字形❷，看起来有些差别。白川静先生在《常用字解》一书中解释说："象形，线编穗状饰物连缀下垂之形……原指葬礼等礼仪场合配系的一种丧章，其形状为下垂的线编纽结……后来，由'系'所含有的线、筋之义衍生出血统、家系等义，泛指各种系统关联的事物。"

从字形来看，上部像丝绳系结，便于手持，下部的六个黑点无非就是丝绳所打的纽结，同样是便于系起物

❸ ❹

品,并没有"葬礼等礼仪场合配系的一种丧章"的明确含义。因此,仍然应该理解为爪、丝之形。

系,金文字形❸,下面添加为三束丝。小篆字形❹,加以规整化,不能够清楚直观地看到爪、丝的样子了。《说文解字》:"系,繫也。"

"系"为丝绳,《后汉书·舆服志》中的记载最为清晰:"凡先合单纺为一系,四系为一扶,五扶为一首,五首成一文,文采淳为一圭。首多者系细,少者系粗。皆广尺六寸。"

古时为官必有印,印必有绶,用来系印。绶的颜色、长度、疏密根据官阶各有等差,这段话讲的就是绶的形制:单股丝合成的丝绳称作"一系",四系称作"一扶",五扶称作"一首",五首称作"一文";"淳"通"纯",指合成的丝帛的广幅;根据官阶高低染不同的颜色成丝,故称"文采",用有文采的丝绶系在玉圭之上。

据此则一首合二十系,也就是二十股丝绳。皇帝所用当然最多,共有五百"首",也就是一万股丝绳!绶的幅宽为当时的一尺六寸,合今36.8厘米,则每厘米有"系"271.7根,真乃精细至极!

"首"越多当然越细密,此之谓"首多者系细,少者系粗"。

《后汉书·舆服志》还记载了武士所戴的"武冠"的形制:"武冠,俗谓之大冠,环缨无蕤,以青系为绳,加双鹖尾,竖左右,为鹖冠云。"

武冠上的帽带称"缨",环下颔一圈系紧,因此叫"环缨";"蕤(ruí)"

指悬垂的饰物;"绲(gǔn)"即丝带,用青色的丝结成;"鹖(hé)"是一种勇猛的斗鸡。这种武冠之威武,可以想见。

更有趣的是,甲骨中屡屡有"酙系""酙系品""系米"的卜辞,"系"字竟然载入祀典。于省吾先生在《甲骨文字释林》一书中解释说:"甲骨文祀典称系,为旧所不解。其实,系谓欲交接于鬼神而以品物为繫属也。"所谓"酙系","酙为酒祭,系谓繫属物品";所谓"系米","犹他辞言登黍、登米。不言登而言系者,谓以米繫属于鬼神"。

也就是说,"酙系""酙系品"属于酒祭,"系"的意思是酒祭时联缀用以祭祀从而交接于鬼神的物品;"系米"属于登黍、登米的尝新之祭,秋天农作物收获之后,向祖先供奉新谷,"系"的意思也是祭祀时用黍米交接于鬼神。

《(传)王振鹏养正图十则之一·自结履系》
明清佚名绘,绢本设色长卷,美国大都会艺术博物馆藏

  王振鹏,生卒年不详,字朋梅,浙江温州人。元代著名画家,擅长人物画和宫廷界画,被元仁宗赐号为"孤云处士",官至漕运千户。《养正图》又称《圣功图》,是带有启蒙教育性质的作品,内容皆为历代贤明君主的故事。这套《养正图》虽是王振鹏款,却是明清人所绘。

  "自结履系"出自晋文公的故事。晋文公即重耳,春秋五霸之一,开创了晋国长达一个多世纪的中原霸权。图左题记云:晋文公与楚战,至黄凤之陵。履系解,因自结之。左右曰:"不可以使人乎?"公曰:"吾闻,上君之所与居,皆其所畏者也;中君之所与居,皆其所爱者也;下君之所与居,皆其所慢者也。寡人虽不肖,先君之人皆在,是以难之也。"履系即鞋带。画面上军队迤逦,旌旗飘飘,一国之尊正蹲下来自己系鞋带,略带喜感。

213

# 敢

## 双手持『干』去刺野猪

敢问死 ——《论语》

❶ ❷ ❸

到底什么样的行为才叫勇敢？今天的人们想必有各种各样的回答，但是如果穿越回远古的狩猎时代，黄河流域气候温暖，植被茂密，野生动物众多，那么与凶猛的野兽搏斗并将之猎获，一定是先民心目中首屈一指的勇敢行为。事实也正是如此，因为"敢"字就是这样造出来的。

敢，甲骨文字形❶，上部是一头倒置的野猪，下部是手持的"干"形刺击工具。甲骨文字形❷，可以看得更清楚；下部是双手持着"干"。徐中舒先生在《甲骨文字典》中说："甲骨文敢字像双手持干刺豕形。"

到了周代青铜器上所铸铭文，这个字开始变形。金文字形❸，中间的倒豕形还是能清楚认出，右下角还是一只手，但是"干"形却讹变为左边的口中一点，张舜徽先生错误地把这个字符视作采丹井，中间的一点表示丹砂。在《说文解字约注》一书中，他如此解说"敢"："像以手持械临丹穴之形……入之深则有岩土倾陷之危，惟勇毅者能进取焉。敢之得义，实本于此。"

敢，金文字形❹，下部是两只手，中间是"干"形省写的"口"，而上部的倒豕形则变得较为抽象。金文字形❺，倒豕形仍然很抽象，而且野猪的尾巴几乎与"口"连为一体。这个字形不仅为小篆字形打下了基础，而且

❹　　　　　❺　　　　　❻　　　　　❼

还使很多学者产生了误解，最有代表性的就是白川静先生。在《常用字解》一书中，他把"干"所讹变的"口"视作盛有祭祀所用的鬯酒的器具，把野猪的尾巴视作伸入酒器的勺子，又把上部的野猪之形视作"帚"，因此错误地释义为："持勺子舀出鬯酒（祭祀用的香酒），清扫祭祀场所，此仪式曰'敢'。这是一种请神的仪式，此时须虚心谨慎，因此'敢'有恭谨之义。"

敢，小篆字形❻，紧承金文字形❺而来，这也是《说文解字》中的"敢"字。《说文解字》还收录有一个籀文字形❼。所谓"籀文"，是指起源于西周晚年，春秋战国时期流行于秦国的文字，是小篆的前身。这个字形被段玉裁释义为"用爪用殳冒而前也"，"殳（shū）"是竹木所制长柄勾头的兵器，今天所使用的"敢"字就是由此隶变而来。

《说文解字》："敢，进取也。"这是由"双手持干刺豕"的勇敢举动而产生的引申义。

有趣的是，"敢"这个字还体现了汉语中反义同字或反义同词的现象，即一个字或词可以同时表示正反两方面的义项。勇敢固然可嘉，但如果勇敢过度就会显得卤莽、冒昧，因此"敢"既指勇敢，又指不敢、冒昧。比如《论语·先进》篇中载孔子和子路（季路）的对话："季路问事鬼神，子曰：'未能事人，焉能事鬼？'曰：'敢问死。'曰：'未知生，焉知死？'"这里的"敢问死"即指不敢问死亡之事，或者冒昧地问死亡之事。

"敢"因此而引申为古人的自谦之辞，意同岂敢、不敢。

# 迟

## 一个人骑在另一个人的背上前行

无体之礼，威仪迟迟 ——《礼记》

"迟"这个字，今天只当作晚讲，比如迟到是晚到的意思。但是在古代，这个字最初被造出来的时候，却反映了等级制社会中被压迫者的悲惨情状。

"迟"的繁体字"遲"，甲骨文字形 ❶，这是一个会意字，右边是"彳"，用十字路口的一半表示行走之意，左边是两个人，很明显可以看出是一个人压在另一个人的背上。左边的这个字其实就是"尼"，林义光认为"像二人相昵形，实昵之本字"。这个观点遂成为"尼"字的主流释义。但于省吾先生却以"举不出具体事实"为由而加以质疑，并进而认为"尼"字"像人坐于另一人的背上"。他举出三条例证：一、"汉武梁祠堂画像，画夏桀骑在二妇人的背部。"二、《后汉书·井丹传》："桀驾人车。"三、《汉书·叙传》：汉成帝屏风上"画纣醉踞妲己作长夜之乐"。这一观点极具说服力，据此则"尼"字就是等级制社会中被压迫者的形象写照。那么，"迟"的这个字形就会意为一个人骑在另一个人的背上前行，可想而知步行者行走之艰难、缓慢。

迟，金文字形 ❷，字形变得复杂起来了。以中间的人为中心，左边还是"彳"，行走，下面是"止"，一

只脚,右边是一把刑刀,白川静先生则认为是带把手的大针。整个字形会意为:押着犯人行走到行刑的地点,然后施以刑罚。金文字形❸,大同小异,上面的"尸"也是人形。一个被押着要去行刑的人,走得当然极其缓慢。从金文字形也可以佐证"尼"是人骑坐人之状,都反映了压迫者和被压迫者的不平等关系。小篆字形❹,右边变形得非常厉害,以至于许慎误以为这是一个表声的"犀"字。

《说文解字》:"迟,徐行也。"《释名·释言语》:"迟,颓也,不进之言也。"虽然都解释出了"迟"的本义,但是却都没有解说清楚"迟"之本义的来源。

从五代开始的"凌迟"之刑,最早写作"陵迟",就是民间俗称的"千刀万剐"。清末法学家沈家本解释说:"本言山之由渐而高,杀人者欲其死之徐而不速也,故亦取渐次之义。"明代正德年间的太监刘瑾被割了三千三百五十七刀,崇祯年间的郑鄤则被割了三千六百刀,实属骇人听闻!"凌迟"这一酷刑同样是"迟"的甲骨文字形中人骑坐人以及金文字形中押赴刑场行刑的佐证;那个押赴刑场的人,也许即将施行的就是凌迟之刑吧!

为了加强语气,古诗文中屡屡"迟迟"连用,比如《诗经·谷风》中有"行道迟迟"的诗句,形容徐行之貌。"迟迟"因此又可以引申为舒缓、从容不迫的仪态,《礼记·孔子闲居》篇中,孔子将"无声之乐、无体之礼、无服之丧"称作"三无",意思是没有声音的音乐,没有仪式的礼节,没有丧服的丧礼,即不注重于外在形式,内心要具备乐、礼、丧的真情实感。其中"无体之礼,威仪迟迟",就是描述即使没有仪式的礼节,仪表也要表现得从容不迫。

《豳风七月图》(局部)

(传)南宋马远绘,绢本设色长卷,美国克利夫兰美术馆藏

    《豳风·七月》是《诗经·国风》中最长的一首诗。豳地在今陕西旬邑、彬县一带,《七月》描绘了先民一年四季的辛苦劳作和农家生活,是中国最早的田园诗。凡春耕、秋收、冬藏、采桑、染绩、缝衣、狩猎、建房、酿酒、劳役、宴飨,无所不写。现存有多个版本《豳风七月图》长卷,克利夫兰美术馆藏的这卷托名马远,由17段画面组成,每图右上题写相应诗句。整卷描绘从容,设色沉着,景物屋宇古意犹存,研究者认为其年代应不早于元代。

    "七月流火,九月授衣。春日载阳,有鸣仓庚。女执懿筐,遵彼微行,爰求柔桑。春日迟迟,采蘩祁祁。女心伤悲,殆及公子同归。"春日融融,白昼渐长,黄莺(鸧鹒)宛转鸣叫,青春美丽的女子三两成行,或提筐采桑,或怀抱白蒿(蘩),原本是一幅多美好又愉悦的画面。画中女子却面带忧郁,一面劳作,一面恐被贵公子强行带走为婢为妾。春日之美更反衬出女心之悲。

# 逆

## 人向相反的方向行走

吹豳诗以逆暑 ——周礼

❶　❷　❸

隋文帝开皇初年，正式确立了"十恶"的刑名，从此之后，"十恶"成为古代社会不可饶恕的重罪，"十恶不赦"也成了人们的口头禅。"十恶"的第二恶叫"谋大逆"，指危害君父、宗庙、宫阙等罪行；第四恶叫"恶逆"，指殴打及谋杀祖父母、父母，杀死伯叔父母、姑、兄、姊、外祖父母、夫、夫之祖父母、父母的罪行；第五恶叫"不道"，指杀死一家非死罪三人，将人肢解，造毒物杀人，用邪术诅咒人等罪行。这就是"大逆不道"这个成语的来历，用第二和第五恶来代表"十恶"之罪。

在今天常用的义项中，"逆"都是一个不折不扣的贬义的字，比如用"逆子"来比喻忤逆不孝的儿子。但是"逆"这个字最初被造出来的时候，却完全不是这个意思，也没有任何贬义的成分。

逆，甲骨文字形❶，这个字其实就是"屰"，是"逆"的本字。这是一个象形字，像一个倒立的人形。《说文解字》："屰，不顺也。"张舜徽先生分析说："盖屰之为字，乃象人初生时形状。人初生时，首先出而四体从之，与平时正立首在上而四体在下者不同，因有不顺之意……人初生时，必有人接取之，故引申又有迎义。"

❹　　　　　❺　　　　　❻

逆，甲骨文字形❷，左边还是倒立的人形，右边添加了一个反写的"彳"，表示行走。这样就成了一个会意字，会意为逆行迎接。因为相对来人而言，迎接者是逆行。甲骨文字形❸，倒立的人形下面又添加了一只脚，逆行迎接的意味更清楚。金文字形❹和❺，还是这三个字符换来换去。小篆字形❻，右边倒立的人形变形得非常厉害。

《说文解字》："逆，迎也……关东曰逆，关西曰迎。"不明白"逆"的本义，古书中有很多地方就会看不懂。比如《左传·成公十四年》载："秋，宣伯如齐逆女。"这是指鲁国国卿叔孙宣伯到齐国迎娶鲁成公的夫人齐姜。《周礼》中有"吹豳诗以逆暑"的记载，这是指吹奏《豳风》中《七月》的诗篇以迎接暑气的到来。

"逆"的本义，最形象的解释是"逆旅"一词。"逆旅"是客舍、旅馆的代称，客舍本来就是供远方而来的客人住宿的，迎接远来的客人到旅馆，当然就是"逆旅"。李白有这样的名句："夫天地者，万物之逆旅也；光阴者，百代之过客也。而浮生若梦，为欢几何？"将天地比作万物的客舍，这是中国文化中一个独特的观念。古人认为人生如寄，是寄居在这个世界上的，而视死如归，死亡是人之所依归，因此而有这样的感喟。

至于"逆"当成贬义的字来使用，就是从"屰，不顺也"引申而来。所谓叛逆、讨逆、大逆不道等，就是今天最常使用的义项。

# 宿

## 人跪坐在草席上准备睡觉

子钓而不纲，弋不射宿 ——《论语》

❶ ❷

"宿"这个字共有三种读音：当作住宿的时候读 sù；当作计算夜的量词的时候读 xiǔ，比如住了一宿；当作星宿的时候读 xiù。

宿，甲骨文字形❶，这是一个象形字，一个人跪坐在草席上。甲骨文字形❷，一个女人跪坐在草席上。徐中舒先生在《甲骨文字典》中将这两个字列为"宿"字。罗振玉说："古之自外入者，至席而止也。"张舜徽先生则驳斥道："若谓自外入者至席而止，则非。许君以止释宿，乃休息卧止之意。人在席上，非卧而何。"但这个字形中，男人和女人是跪坐在草席上的，所以有人认为不能释为"宿"字。

宿，甲骨文字形❸，这是一个会意字，上面是屋顶，屋子里面，右边是草席，左边是一个仰面躺在草席上的人，会意为人在屋子里面躺在草席上睡觉。甲骨文字形❹，这是一张非常美观的草席。金文字形❺，草席变成了三角形。小篆字形❻，草席讹变成了"百"。

《说文解字》："宿，止也。"这个释义不太准确，正如张舜徽先生所说："人在席上，非卧而何。""宿"的本义乃是夜晚睡觉，住宿。据《周礼》载："凡国野

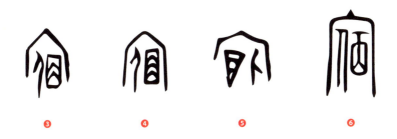

❸　　　　　　❹　　　　　　❺　　　　　　❻

之道，十里有庐，庐有饮食；三十里有宿，宿有路室，路室有委；五十里有市，市有候馆，候馆有积。"三十里要设置住宿之处，称作"路室"，即路上供宾客住宿的客舍，路室中要准备好"委"，"委"是住宿时宾客所用的饮食；五十里要设置一"市"，市中有"候馆"，候馆比路室高级一些，有可供观望的楼，候馆中要准备好"积"，"积"是宾客可以带走的干粮。古人对路途住宿的规定甚至比今天还要细致呢！

《论语·述而》中描写孔子的行为："子钓而不纲，弋不射宿。"孔子垂钓而不用网捕鱼，射猎不射归巢栖息的鸟。这里的"宿"指栖宿的鸟儿，是由住宿之意引申而来。住宿最少要住上一夜，因此"宿"又引申为隔夜的、前一夜的，比如"宿雨"指昨夜的雨，"宿醉"指过了一夜还没有醒酒。周代举行祭祀之前十日，参与祭祀的人要斋戒两次，第一次为先戒，祭祀前三日的斋戒称"宿戒"。郑玄解释说："再戒为宿戒。礼，将有事，先戒而又宿戒。"第二次斋戒称"宿戒"，就是由隔了第一次斋戒之后引申而来。

至于"星宿"的称谓，刘熙在《释名·释天》中的解释最为有趣："宿，宿也，星各止宿其处也。"二十八宿都是恒星，肉眼很难发现它们位置的变动，恰似住宿在天上各自的处所，真是非常形象的称谓！

# 盥

## 手伸进盆子里用水洗

少者奉盘，长者奉水，请沃盥 ——《礼记》

❶

❷

"盥"这个字今天已不常用，只用于"盥洗室"之类的标识场所。但是在古代，这可是一个不折不扣的常用字，跟古人的日常生活密切相关。

盥，甲骨文字形❶，这是一个会意字，盆子里面有一只手，会意为在盆里洗手。甲骨文字形❷，手的两边有两点水滴。甲骨文字形❸，水滴更多，更像洗手的样子。金文字形❹，更加美观，上面是两只手在洗。金文字形❺，这是一只高脚的洗手盆。小篆字形❻，上面的双手有些变形。

《说文解字》："盥，澡手也。"《礼记·内则》篇对侍奉父母有许许多多不厌其烦地详细规定，其中之一是："进盥，少者奉盘，长者奉水，请沃盥，盥卒，授巾。"年龄小的子女捧着洗手盆，年龄大的子女捧着盛水的器具，然后为父母浇水洗手，洗完还要递上手巾。"沃"是从上往下浇水，因此"盥"虽然是洗手之意，但却是别人为自己浇水而洗，并不是自己亲自洗。从"盥"的字形中即可看出，是把手伸到没有水的洗手盆里，别人为自己浇水而洗。浇水的这个器具有一个专门的称谓，叫"匜（yí）"，形状像瓢。为父母洗手的这整个过程因此就叫"奉匜沃盥"。

❸　　　　　　　❹　　　　　　　❺　　　　　　　❻

庄子在《寓言》篇中描述了侍奉长者或尊者洗漱的一整套程序："（阳子居）进盥漱巾栉，脱屦户外，膝行而前"。阳子居侍奉老子洗手和漱口的同时，还手执手巾和梳子，手巾用来擦干手，梳子用来梳头发。"屦（jù）"是葛制的单底鞋，膝行乃是跪着向前挪动，可见阳子居对老子是多么尊敬。

古人关于洗浴的分类很细，同样据《礼记·内则》载："五日则燂汤请浴，三日具沐。其间面垢，燂潘请靧；足垢，燂汤请洗。"燂（qián），烧热；潘，淘米水；靧（huì），洗脸。五天要为父母烧热水洗澡，叫"浴"；三天要为父母洗头发，叫"沐"；这期间，如果父母脸脏了，要用烧热的淘米水洗脸，叫"靧"；脚脏了，要用热水洗脚，叫"洗"。而每天都要"进盥"，即父母每天早上都要洗手。《礼记·大学》篇中载："汤之盘铭曰：'苟日新，日日新，又日新。'"段玉裁认为商汤所用的这个"盘"即是洗手的"盥"，因为只有手才是每天都要洗的，所以刻铭曰"日日新"，每天洗手的时候都要告诫自己"日日新"。

《周礼》中有这样的规定："凡祼事，沃盥。""祼"可不是裸体的"裸"，而是读 guàn，把酒浇在地上祭神就叫"祼"，也称"灌祭"。举行"祼"的祭祀之前，要"沃盥"，清末学者孙诒让解释说："沃盥者，谓行礼时必澡手，使人奉匜盛水以浇沃之，而下以盘承其弃水也。"这是祭祀前例行的清洁工作，以示虔诚。

《晋文公复国图》（局部）

宋代李唐绘，绢本设色长卷，美国大都会艺术博物馆藏

李唐（1066—1150），字晞古，河阳三城（今河南孟州）人。北宋画院南渡而入南宋画院的画家，精于山水画和人物画。这幅长卷分为六段，采用连环绘图形式，描绘了晋文公重耳即位前被父亲放逐十九年，流亡数国最后回归的故事，每段都有树石、车马、房屋作配景和宋高宗赵构手书的《左传》中有关章节。人物各具情态，刻画生动。

画面上这一段故事发生在重耳流亡到秦国的时候。

"秦伯纳女五人,怀嬴与焉。奉匜沃盥,既而挥之。怒曰:'秦、晋匹也,何以卑我!'公子惧,降服而囚。"秦穆公为笼络重耳,将五个女儿(含嫡女、宗女)嫁给他,包括怀嬴。作为媵妾,怀嬴奉匜沃盥,捧着水盆侍候重耳洗手。但重耳洗手后没拿毛巾擦干,而是随意甩手挥去水珠。怀嬴怒其失礼,立刻发作,于是公子惧,吓得"降服而囚"。如此个性强烈的女子即便在《左传》中也是熠熠生光。

# 夙

## 人在月光下用双手辛苦劳作

> 星言夙驾，说于桑田。
> ——《诗经》

❶　　　　　❷

"夙（sù）"是一个相对而言较为冷僻的汉字，今天仅多用于夙愿、夙兴夜寐等固定词组或成语。这个汉字从字形上来看大有疑问：外框里面为什么是"歹"？歹者，坏也，恶也，以之构成的字也应当具有类似的义项，但事实并非如此，"夙"并没有坏、恶之意。那么我们来看看这个字到底是怎样造出来的，又是怎样演变的。

夙，甲骨文字形❶，上面是半月形的"夕"，下面是一个半跪着的人，这个人还举起了双手。金文字形❷，大同小异。金文字形❸，这个人从跪姿直起了身子。有学者认为这个字形表示人对月亮的朝拜和祈祷，并举《礼记·祭法》"王宫，祭日也；夜明，祭月也"为例，"王宫"指祭日之坛，"夜明"指祭月之坛。张舜徽先生在《说文解字约注》一书中则泛泛而言："像人踞而捧月之状……向明之时，残月在天。夙兴之人，喜见残月，故两手向空作捧月状。"

罗振玉先生认为"像执事形"，徐中舒先生在《甲骨文字典》中也认为"像人在月下有所执事之形"。请注意以上字形中人的双手中似执有工具，因此释为"执事之形"较为妥当。

❸

❹

夙，小篆字形❹，左边是"夕"，右边定型为"丮（jǐ）"，正像以手持握之形。至于后来使用的"夙"字，则是俗字，很明显由人手持握的样子讹变为"凡"，下面则仍为"夕"。因此，"夙"并非从歹，而是从凡从夕。

《说文解字》："夙，早敬也。从丮持事虽夕不休，早敬者也。"段玉裁注解说："夕者夜之通称，未旦而执事有恪，故字从丮夕。"也就是说，天尚未亮就起床开始劳作，不敢懈怠，因此也可形容恭敬之意。

中国社会科学院学者宋镇豪先生在《试论殷代的记时制度》一文中通过对古代文献的研究，得出结论："天未启明而星月犹见，故夙时是下半夜至天明前之间的时段。"《诗经·国风》鄘地的一首诗篇《定之方中》中的诗句也印证了这个结论。

《定之方中》是赞美卫文公中兴卫国的诗篇，最后一章吟咏道："灵雨既零，命彼倌人。星言夙驾，说于桑田。""灵雨"指正当时节的好雨，"倌人"指驾车的御者，"说"通"税"，休息。正是好雨知时节，夜星未落，卫文公就早早起床，命御者驾车前往桑田才休息。这是称颂卫文公披星戴月，劝民务农的情景。

"夙"和"宿"的古文都有人躺卧于席休息之意，二字又音近义同，因此可以换用，比如"夙敌"可写成"宿敌"，"夙愿"可写成"宿愿"，等等。"夙"由早起操劳，至夜不休引申为长久，"宿"则由休息一整个夜晚也引申为长久，所以二字换用，顺理成章。

男女篇

# 男

## 拿着"耒"的农具在田里翻土

乃生男子，载寝之床 ——《诗经》

❶

❷

《诗经·小雅·斯干》是一首祝贺西周贵族宫室落成的诗篇，最后两章祝愿主人生育儿女，诗人吟咏道："乃生男子，载寝之床。载衣之裳，载弄之璋。其泣喤喤，朱芾斯皇，室家君王。乃生女子，载寝之地。载衣之裼，载弄之瓦。无非无仪，唯酒食是议，无父母诒罹。"

"璋"，形状像半个圭的玉器；"喤喤"，小儿啼哭声响亮；"芾"，通"韨（fú）"，熟皮制成，用于祭祀、朝见等隆重场合，遮在礼服的膝前，故又称"蔽膝"，红色的蔽膝即"朱芾"，乃天子专用服色；"裼（tì）"，褓褓；"瓦"，纺锤；"诒罹"，带来忧愁。

这几句诗，马持盈先生的白话译文为："如果是生了男子，就把他寝之于床上，穿之以衣裳，给一块半圭，叫他玩耍。他的哭声洪大，将来一定是贵人，穿着辉煌的红色的朝服，有室有家，为君为主。如果是生了女子，就把她睡在地上，用衣褓把她裹起，给一块瓦叫她玩耍。女子最好是多所服从，少作主张，只讲些做饭做酒的烹调之事，不要给父母们惹麻烦，就得了。"

❸            ❹

重男轻女的倾向,在《诗经》时代就早已经蔚然成风,真是令人叹息!那么,我们来看看男孩子为什么会得到远远优于女孩子的待遇。

男,甲骨文字形❶,左边是田,田地,右边这个东西是什么?原来,这是一把叫作"耒(lěi)"的农具,用来翻土。农具的上面是曲木柄,便于手持;下面是类似犁头的尖锐金属片,犁开土壤。这个农具也称作"耒耜(sì)",上端的曲木柄称"耒",下端的犁头称"耜"。

男,金文字形❷,曲木柄描画得更容易手握,而犁头则更容易深入土壤。金文字形❸,曲木柄的上端添加了一只手,表示手握,简直是画蛇添足!小篆字形❹,不仅规整化为上下结构,而且下面也规整化为"力",跟今天使用的"男"字一模一样。

《说文解字》:"男,丈夫也。从田,从力,言男用力于田也。"所谓男耕女织,乃是农耕社会的常见景象。

白川静先生在《常用字解》一书中注意到了"男"的另一项含义:"农田加农具,很容易使人联想到耕作等农业劳动,但实际上古时'男'特指农地管理者。后来,'男'用作五爵(公侯伯子男)之一。"

白川静先生所言不过是引申义。据《尚书·禹贡》记载,夏禹把王城以外的地域每五百里为一区划,分别称作甸服、侯服、绥服、要服、荒服,此之谓"五服"。周制则为"九服"。而距离王城第二个五百里的侯服之内,又有划分:"五百里侯服:百里采,二百里男邦,三百里诸侯。"

也就是说，侯服之内，离甸服最近的一百里称作"采"，即采邑，天子有差役的时候才供给；离甸服二百里称作"男邦"，有固定的按常例所服的差役；离甸服三百里称作"诸侯"，因为距离较远，仅担任侦察工作。

## 跪坐着做家务的女人

蚕月条桑,取彼斧斨,以伐远扬,猗彼女桑

——《诗经》

❶  ❷

"女"这个字的造字形态,历来争议颇多,我们先来看它的字形。

女,甲骨文字形❶,这是一个象形字,而且惟妙惟肖,就像一个双手相交,面朝左跪着的女人。甲骨文字形❷,跪姿稍有变化。金文字形❸,面朝右跪着的女人,头上多了一根发簪。金文字形❹,样子更好看,更栩栩如生,头上的发簪仍然在。小篆字形❺,跪姿已经不明显了。楷体字形完全看不出跪着的样子了。

《说文解字》:"女,妇人也,象形。"其实这是统而言之,严格区分的话,未嫁之女称作"女",已嫁之女称作"妇"。至于"女"字的造字形态为什么会采取跪姿,段玉裁解释说"象其掩敛自守之状",意思是一副顺从的样子。这也是大部分学者的看法,即女子跪在男人面前,反映了古代中国男尊女卑的思想。但是未嫁之女称作"女",既然未嫁,哪里来的男人?在父亲兄弟之间大约用不着如此卑微吧。谷衍奎《汉字源流字典》认为"是上古虏婚习俗的遗迹",意思是被掳走的女子方才取"柔顺交臂跪坐之形"。日本汉学家白川静先生认为这是女子向神灵跪拜的祈祷之姿。我倒更倾向

❸　　　　　❹　　　　　❺

于从日常生活的角度来理解：古人日常生活多取跪姿，未嫁之女从事家务劳动较多，比如为家人盛饭之类，跪姿应当是常见的形态，因此才有造字形态为跪姿的字形。

当然也不可否认，母系氏族社会之后，女子的地位确实比男子较为低下，从《诗经·斯干》一诗中即可看出，诗中吟咏道："乃生男子，载寝之床，载衣之裳，载弄之璋。"生了男孩儿，就让他睡在榻上，给他穿上衣服，让他玩璋这种玉器。因此生男孩儿又称作"弄璋之喜"。"乃生女子，载寝之地，载衣之裼，载弄之瓦。"生了女孩儿，却让她睡在地上，"裼"是褓褓，把女孩儿包在褓褓里，"瓦"是用瓦所制的纺锤，给女孩儿玩的是纺锤。因此生女孩儿又称作"弄瓦之喜"。

《礼记·内则》规定："子生，男子设弧于门左，女子设帨（shuì）于门右。"生了男孩儿，要在大门左侧挂上一把木弓；生了女孩儿，要在大门右侧挂上一条佩巾。这也是因为男孩儿和女孩儿体质不同，因此"女"又引申为柔弱之意。《诗经·七月》一诗中吟咏道："蚕月条桑，取彼斧斨，以伐远扬，猗彼女桑。"夏历三月开始养蚕，故称"蚕月"；"条桑"即采桑；装柄处圆孔的叫斧，方孔的叫"斨"（qiāng）；"远扬"指向上长的长枝条；"猗"（yī）是束成一束采下来；"女桑"即指柔弱的桑树，"俗呼桑树小而条长者为女桑树"。整句话意为用斧子砍伐向上长的长枝条，用手采摘柔弱的桑树的桑叶。

值得注意的是"女墙""女儿墙"的称谓，并非另外还有"男墙""男儿墙"，东汉学者刘熙在《释名》一书中解释道："城上垣曰睥睨，言于其孔中睥睨，非常也……亦曰女墙，言其卑小，比之于城，若女子之于丈夫也。""睥睨"（pì nì）乃窥伺之态，以之形容城墙上面用来窥探敌情的锯齿形的短墙，却被赋予了男尊女卑的含义，可发一叹！

《女织蚕手业草 二》(女織蚕手業草 弐)

喜多川歌麿绘,约 1798—1800 年

中国的《耕织图》于 15 世纪末传入日本，受到广泛欢迎，影响深远。江户时代，以《耕织图》为样本绘制的"四季耕作图"和"蚕织锦绘"蔚然成风。喜多川歌麿的《女织蚕手业草》便是其中之一。这套作品共 12 幅，细致描绘了蚕织业从浴蚕、采桑到络丝、剪帛的完整过程，画中所有劳作者均为女子，她们围绕蚕织过程日夜忙碌，顾不得仪容修饰，十分辛苦。

这套作品的第二幅，描绘的是女工们采桑的情景。她们或踩凳，或登梯，或挑筐，赤足卷袖，手不停捋。养蚕的不同阶段，需要的桑叶也不同。最初需采嫩桑，去除湿气败叶，细细剪丝，喂养幼蚕。三眠四眠之后，则需大量桑叶，昼夜不停，此时要整枝桑叶成捆采回才敷用。据《桑蚕提要》载，"每蚁（幼蚕）一两初生至作茧约食叶一千五六百斤"，可知采桑工作量之巨大。歌麿的这套作品并不着眼于女性姿容体态，而以劳作过程的写实为重心，风格健朗。

# 夫

## 正面站着的男人插上发簪

> 黄衣黄冠而祭,息田夫也 ——《礼记》

❶

❷

"夫"即丈夫,为什么可以当作丈夫讲呢?我们来看看这个字有趣的字形。

夫,甲骨文字形❶和❷,这是一个象形字,"大"字形为一个正面站立的人的形状,上面的一横代表发簪。《说文解字》解释得很清楚:"夫,丈夫也。从大,一以象簪也。周制以八寸为尺,十尺为丈。人长八尺,故曰丈夫。"男孩儿到了二十岁,身长八尺,已经成年,这时要举行冠礼,将头发束起来,用一根发簪固定,然后再戴上帽子。这是古代男人的成年礼。此即《春秋谷梁传》所谓"男子二十而冠,冠而列丈夫"。

至于有学者认为"丈"通"杖",男子成年后可以倚杖,这种理解是错误的,因为在中国古代,只有老年人才有倚杖而行的特权。《礼记·曲礼上》:"大夫七十而致事,若不得谢,则必赐之几杖,行役以妇人,适四方,乘安车,自称曰老夫。"大夫七十岁的时候要主动向国君提出退休的申请,如果没有得到批准,国君就要赐给他可以倚靠着休息的几和手杖。有公事出差的时候,允许他带上妇人,以便路上照顾起居。出使诸侯国时特赐乘坐安车的待遇。安车是一种可以坐着的小车,

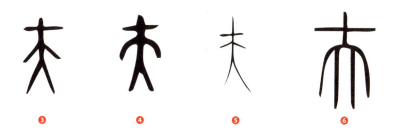

❸ ❹ ❺ ❻

供年老的高级官员及贵妇人乘用。只有从这时候开始才可以自称"老夫",《周礼》规定七十岁称"老",故称"老夫"。《后汉书·礼仪志》:"年始七十者,授之以王杖。"必须年满七十岁才可以受杖。

夫,金文字形❸和❹,大同小异,正面站立、发簪束发的样子更是栩栩如生。金文字形❺,跟今天使用的"夫"字一模一样。小篆字形❻,下面不大看得出正面站立的人的形状了。

二十岁的成年男子称"夫";成年后即可娶妻,因此将有妻室的男人称作"丈夫";至于"夫人"的称谓,不过是"夫之人"的省称,意为丈夫之人,属于敬语。

"夫"由此引申为一切男子的通称。古时称平民男子为"匹夫",现在是一个不折不扣的贬义词,但是在古代却只是一个中性词。班固在《白虎通义》中解释说:"庶人称匹夫者,匹,偶也,与其妻为偶,阴阳相成之义也,一夫一妇成一室。"这是说丈夫和妻子乃阴阳相配的配偶,后来将"匹夫"等同于有勇无谋的独夫,才渐渐演变为詈词。

古时岁末要举行腊祭,《礼记·郊特牲》规定:"黄衣黄冠而祭,息田夫也。""田夫"即农夫;所谓"息田夫",是指岁末的时候让农夫休养生息,不再劳作。为什么要穿"黄衣"戴"黄冠"而祭呢?郑玄解释说:"黄冠,草服也。言祭以息民,服象其时物之色,季秋而草木黄落。"孔颖达也解释说:"黄冠是季秋之后草色之服,故息田夫而服之也。"用黄色来对应秋后草木凋零之色。

"夫"由男子的通称又可引申为指示代词,意思是他、他们、那个人、那些人,比如称呼老师为"夫子",是"夫之子"的省称,"夫"和"子"都是敬称。

① ② ③

# 妻

## 手抓着女人的头发把她抢走

聘则为妻，奔则为妾 ——《礼记》

古时有"三妻四妾"之说，其实这是不准确的，妻只能有一个，即所谓正妻，妾倒是可以有很多。

妻，甲骨文字形❶，这是一个会意字，右边是手，左边是一个面朝左跪着的长发女人，会意为用手梳理头发。不过徐中舒先生认为："上古有掳掠妇女以为配偶之俗，是为掠夺婚姻，甲骨文'妻'字即此掠夺婚姻之反映。"他的意思是说：右边的手表示捉住、掳掠，把长发女人抢走做老婆。左民安先生则解释得更加清楚："其下部为面朝左跪着的一个妇女，头上是蓄长发之形，右上部有一只手，整个形体是'捉女为妻'，这与上古的抢亲风俗有关。"

妻，金文字形❷，上面的长发绾了起来，再插上簪子，手也移到了头上。这个字形倒更像女人结发插簪，准备出嫁的样子。古代女子到了十五岁就要把原来的垂发盘起来，绾成一个髻，再用簪子绾住，表示已经成年了，这叫笄（jī）礼。笄就是簪子，笄礼就是女子成年礼，行笄礼之后就可以嫁人为妻了。小篆字形❸，从金文演变而来。

《说文解字》："妻，妇与夫齐者也。从女从屮从又。

❹ ❺ ❻

又,持事,妻职也。"夫妇等齐,故男人的正式配偶称"妻"。孔颖达则解释道:"妻之为齐,齐于夫也,虽天子之尊,其妻亦与夫敌也。""又"这个字符,古时候就代表右手,许慎解释这个字符的意思是"持事,妻职也",即从事劳动是妻子的职责。这些解释都不符合甲骨文和金文字形,只能说是引申义。

与"妻"息息相关的还有一个字:妾。除了"妻"之外,古代男子还可以纳妾。

妾,甲骨文字形❹,也是一个会意字,下部是一个面朝左跪着的女人,头顶是一把平头的刑刀。金文字形❺,接近甲骨文。小篆字形❻,上部平头刑刀的模样就不太像了。

《说文解字》:"妾,有罪女子,给事之得接于君者。"给事的意思是侍奉,妾是有罪的女人,职责就是侍奉夫君。郭沫若先生解释道:"有罪之意无法表示,故借黥刑以表示之;黥刑亦无法表现于简单之字形中,故借施黥之刑具以表现之。"黥(qíng)刑是在俘虏或奴隶的脸上刺字并涂墨,但这种刑罚无法表示出来,只好借用施黥刑的平头刑刀来表示,因此"妾"的本义就是有罪的女奴。越王勾践败于吴王夫差,对吴王说:"勾践请为臣,妻为妾。"此处的"臣"和"妾"都是有罪的奴仆之意,并不是让妻子给吴王做妾。马叙伦先生说:"女奴于给事之馀,复供枕席之荐,于是即以给事之称为匹偶之名矣。""妾"因此才成为男人配偶的称谓。

不过在古代，妻和妾的地位有天壤之别。《礼记·内则》中规定："聘则为妻，奔则为妾。"娶妻要举行正式的聘礼，纳妾则不需要。这里的"奔"不是私奔、淫奔之意，而是指不必举行聘礼。后来"妾"也用作女人的谦称，由此也可看出在男权社会中女人的地位之低下。

《苏蕙璇玑图》（局部）

明代佚名绘，绢本设色长卷，美国大都会艺术博物馆藏

此卷传为宋代才女朱淑真临写。《璇玑图》是前秦女诗人苏蕙写给其夫窦滔的回文诗，顺读倒读、回环往复皆可成诗。苏蕙，字若兰，美而有才，年十六嫁给扶风窦滔为妻，最初琴瑟颇为和谐。后因嫉妒窦之宠姬赵阳台，与夫离心。窦去襄阳，独携阳台同往。若兰悔恨自伤，织锦为回文，五彩相宣，莹心耀目，左右流转皆为文章，名曰《璇玑图》，命人送与窦滔。窦见而悦之，于是夫妻二人恩好如初。此卷以连环画形式描绘了苏蕙夫妻悲欢离

合的故事,卷后附有《璇玑图》原文。选取的这段是最后团圆一幕。窦滔派人迎回若兰,夫妻二人别后重逢,悲喜交集。

画卷风格模仿仇英,因卷上题有朱淑真《璇玑图记》及管道升题跋,后人谓集齐"三代名姬"。就婚姻来讲,三人中管道升无疑是最幸运的,她和赵孟頫演绎了什么是"一生一代一双人"。朱淑真则遇人不淑,半生凄苦。而苏蕙凭借呕心沥血织就的《璇玑图》赢回丈夫的心,个中滋味,恐亦不足为外人道吧。

# 婚

## 来宾持"爵"祝福完后倾听众人的应和

> 我亦贞苦士，与君新结婚
> ——白居易

❶

❷

　　婚、姻连用。先说"婚"，金文字形❶，这是一个非常奇特的字形，各组成部分都代表什么意思，众说纷纭。郭沫若先生认为："从爵省，象形，像人首为酒所乱而手足无措也。"因此他认为这就是"昏"的本字。白川静先生也持类似的观点，他说："金文之'婚'为象形字，形示用爵斟酒，想来此字在形象地表示婚礼中的某种仪式。"还有学者认为这个字形就是"闻"的本字，一个面朝左侧立的人形，戴着伞形的帽子，右边是耳朵，表示倾听、听到之意。"闻"和"婚"上古同音，因此假借为"婚"。金文字形❷，有学者认为最上面像女子出嫁时打着的伞，下面分为三个部分：左边像女子张嘴号哭，左下是一只脚，右边的耳朵代表"取"，嫁娶之意。整个字形会意为：女子出嫁，由别人打伞，走到夫家去，因为舍不得离开娘家而号哭。金文字形❸，女子形体的左中部添加了一只手，表示牵手之意。

　　以上诸说中，后两种说法属于望文生义，郭沫若和白川静先生所说最有道理，但如何"从爵省"却语焉不详。以金文字形❸为准，我认为这个字形一共分为六个组成字符：最上面是酒器"爵"的帽形柱；帽形柱的下面

❸ ❹ ❺

是酒器"爵"的器腹和"流"的变形;最下面是一只脚,表示前来参加婚礼之意;脚的上面是一个侧立的人;人的左边是一只手,表示手持"爵";人的右边是一只大耳朵,表示听闻婚礼的祝愿声。整个字形会意为:前来参加婚礼的人手持"爵"这种酒器,讲完祝福的话后,侧耳倾听众人的应和之声。持"爵"者必为地位较高的贵族,因此才有资格发表祝福的讲话,众人听完也一定要齐声应和。

婚,战国晚期的《诅楚文》字形❹,与金文差别巨大,左为"昏",右为"女"。小篆字形❺,变成了一个形声字。

《说文解字》:"婚,妇家也。《礼》:娶妇以昏时,妇人阴也,故曰婚。从女从昏,昏亦声。"按照许慎的解说,最初没有"婚"这个字,而是用"昏"来表示"婚"的意思。古时候的婚礼跟今天不一样,今天的婚礼通常要在中午十二点之前举行,古时候的婚礼要在黄昏时分举行,按照阴阳学说,妇女属阴,故以"昏"字指妇家。郑玄说:"昏,士娶妻之礼。以昏为期,因以名焉。必以昏者,阳往而阴来。"这是就小篆字形进行的解释,跟金文完全不符。

再说"姻"。《说文解字》:"姻,婿家也。女之所因,故曰姻。从女从因,因亦声。"这是一个会意兼形声的字。"婚"指妇家,因此妻子的父亲称作"婚";男家称作"姻",女人嫁到男家,男家是女子的依靠,"女之所因",故以"姻"字指男家,男家的父亲称作"姻"。"婚"嫁女儿,"姻"娶媳妇,相连而称"婚姻"。相应地,女方的兄弟称作"婚兄弟",男方的兄弟称作"姻兄弟"。

《史记·项羽本纪》载:鸿门宴前夜,刘邦为感激项伯通风报信与其"约为婚姻"。"约为婚姻"的意思就是两位长辈"婚"和"姻"相约而为"婚姻"。因此,最早时不能使用"结婚"一词,如果和"结"连用,必须说"结婚姻"才是完整的表达,或者使用"结婚于"的表达方式,指家族之间的联姻,而不像今天仅限于男女当事人双方的行为。大约从唐代开始,以之入诗需要简练,因此缩略为了"结婚",比如白居易《赠内》:"我亦贞苦士,与君新结婚。"

还有学者解释说,丈夫也可以称妻子为"婚",妻子也可以称丈夫为"姻",证据是《诗经》中的两句诗,一句是"宴尔新婚",一句是"不思旧姻"。"宴尔新婚"出自《谷风》,描写一个弃妇被赶出家门,吟出了"宴尔新婚,如兄如弟"的诗句,意思是欢庆着你的新媳妇,你俩亲密得就像兄弟一样。这里的"婚"即指妻子。"不思旧姻"出自《我行其野》,也是一个弃妇的怨言,意思是不再思念旧时的丈夫,这里的"姻"即指丈夫。联姻的双方父母还可互称"亲家","亲"读作 qìng。

# 发

## 助跑后将手持的棒子投掷出去

> 都门帐饮无绪，留恋处，兰舟催发
> ——柳永

柳永词"兰舟催发"的"发"是出发、上路的意思。"发"是义项最多的汉字之一，不过其繁体字则是不同的两个，意思完全不一样：發，髪。

先说"發"，甲骨文字形❶，这是一个会意字，上面是两只脚，下面是手持着一根棒，会意为手持着棒，助跑后将棒投掷出去，或者会意为持棒前进。金文字形❷，左边添加了一张弓，右边的下部是一只手，手上面是一根棒或一支箭，左右两侧是两只脚。整个字形会意，恰如《说文解字》的解释："發，射发也。"就是开始射箭的意思。小篆字形❸，变成了上下结构，两只脚移到最上部，其余部分跟金文字形相似。楷书繁体字形❹，《诗经》中有"一发五豝""一发五豵"的诗句，"豝"是母猪，"豵"是公猪，一支箭射中五只母猪和公猪。"发"当量词用，如"一发炮弹"，是由古代射礼规定的射箭次数引申而来。古时常常举行射礼，每人射三次，每次射四支箭，因此射十二箭称作"一发"。读作一声"fā"的"发"这个字的一切引申义都由开始投掷棒或者射箭这个本义而来。

再说"髪"，读作四声"fà"，金文字形❺，这个

❺　　　　　　　❻　　　　　　　❼

字形很奇特，也是一个会意字：右边是"首"字，上面是头发和头皮，下面是眼睛，用以代表头部；左边是一只"犬"。金文字形❻，大同小异。"髮"的本义是头发，但为什么用"犬"来会意呢？白川静先生的解释是"用犬作牺牲以被除灾殃"，而"髮"是它的形声字。这种说法语焉不详。其实"髮"的本义是狗脖子上的长毛，这才是用"犬"和"首"来会意的准确解释。《说文解字》收录的古文字形❼，和金文字形接近，意义却明白得多。右边是"页"，人头部的形状；左边是"犮"，交叉在一起的样子，因此会意为头上交错的头发之意。小篆字形❽，字形变化很大，上面是"髟"（biāo），长发飘飘的样子；下面添加了一个声符"犮"（bá），这个声符是犬奔跑的样子，还是跟甲骨文字形中的犬有关系。楷书繁体字形❾，同于小篆。"發"和"髮"简化后使用同一个"发"字，最初造字的思维方式、二者的区别已完全失去了。

《说文解字》："髮，根也。"段玉裁依据《玉篇》等更正为"头上毛也"。古代地理书说："山以草木为发。"因此"髮"又引申为山上的草木。《庄子·逍遥游》："穷发之北有冥海者，天池也。""穷发"指极北的不毛之地。初次成婚的夫妻称结发夫妻，汉代苏武诗："结发为夫妻，恩爱两不疑。"这一称谓源自古人婚礼上的仪式，据宋人孟元老的《东京梦华录》记载，男女入洞房对拜完毕，坐在床上，"男左女右，留少头发，二家出匹段、钗子、木梳、头须之类，谓之合髻"。把夫妻

❽ ❾

二人剪下的头发绾结在一起,表示永远同心相爱。唐代女诗人晁采的《子夜歌》详细描述了这一过程:"侬既剪云鬟,郎亦分丝发。觅向无人处,绾作同心结。"

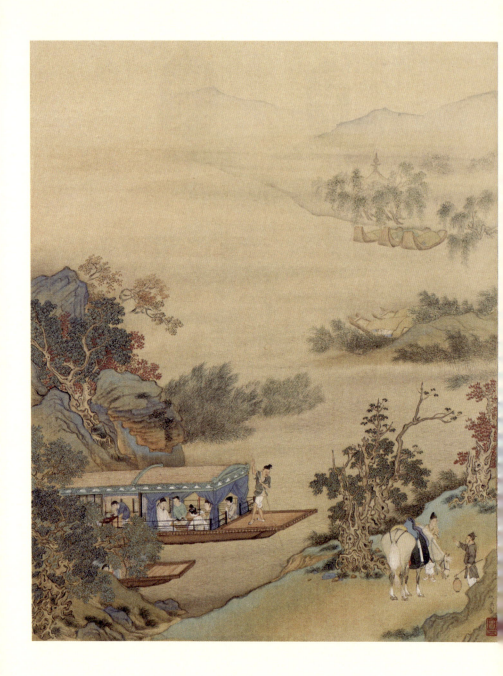

《人物故事图册 浔阳琵琶》
明代仇英绘，绢本设色，北京故宫博物院藏

    仇英（约1494—1552），字实父，号十洲，太仓（今江苏苏州）人。初为漆工，后改事画艺，为"明四家"之一。作品题材广泛，擅写人物、山水、车船、楼阁等，工界画，尤长仕女。

    《人物故事图册》共十开，内容取材于历史故事、寓言传说、文人轶事和诗文寓意等，工笔重彩，敷色艳丽，人物情态描摹精微，楼阁器物山水工整精细，善于环境烘托，令画面情景交融。

    《浔阳琵琶》图取材自白居易长诗《琵琶行》，画浔阳江头送客，芦荻萧萧，枫叶瑟瑟，醉不成欢。偶遇商妇琵琶，同感天涯沦落，人生不得志。画面上主客于船上饮酒作别，共听琵琶，主人留恋客不发。旁边一舟微露船头，远处水面辽阔，云山迷蒙，似乎回荡着声声琵琶曲。岸上是主人坐骑，男仆提着灯，等待主人别后回程。画面基调虽呈暖色，却处处流露着感伤情绪。

# 归

## 持彗做家务的女人要来了

之子于归，宜其室家
——《诗经》

今天的"归"大都当作"归来"之意，但是最初造出这个字的时候却并不完全如此。

归，甲骨文字形❶，这是一个会意字，但怎么会意的却众说纷纭。从字形上来看，左边是小土堆，右边是一把扫帚，打扫等家务活儿是女人干的，因此会意为持彗打扫的女人要来了。但日本学者加藤常贤却认为左边的土堆横过来看像人屁股的形状，所以表示人坐卧止息的场所；右边的扫帚代表妇女。整个字形会意为妇女出嫁行路途中，要休息的时候坐在土堆上。金文字形❷，下面添加了一只脚（"止"的甲骨文字形就是一只脚的形状）。小篆字形❸，变成了一个形声字。楷书繁体字形❹，结构同于小篆。简化后的字体完全看不出造字的原意了。

《说文解字》："归，女嫁也。""归"的本义就是女子出嫁。这是男权社会中男尊女卑关系的典型写照，女人就像男人丢失的物品，出嫁到丈夫家就是回归。《春秋谷梁传》解释说："妇人谓嫁曰归，反曰来归。嫁而曰归，明外属也。反曰来归，明从外至。反谓为夫家所遣。""来归"是指已嫁之女被夫家所弃而返回娘家。此外还有"归宁"一词，指已嫁之女回娘家看望父母。

❸

❹

"宁"是向父母问安的意思。《孔雀东南飞》中有这样的诗句:"阿母大拊掌,不图子自归。十三教汝织,十四能裁衣,十五弹箜篌,十六知礼仪,十七遣汝嫁,谓言无誓违。汝今何罪过,不迎而自归?"这里的"归"就是指刘兰芝被婆婆赶回了娘家。

《诗经》中有一首著名的诗篇《桃夭》:"桃之夭夭,灼灼其华。之子于归,宜其室家。桃之夭夭,有蕡(fén,果实多而大)其实。之子于归,宜其家室。桃之夭夭,其叶蓁蓁(zhēn,茂盛)。之子于归,宜其家人。"之子,意指这个女子;于归,是指嫁到了夫家。这是一首祝贺年轻姑娘在春光明媚、桃花盛开时出嫁的诗,"于归"因此成为女子出嫁的代名词。从"归"的本义中慢慢引申出归来、归还、辞官归家、合并、趋向,甚至还有死等义项,比如"归骨"一词,就是指死后埋尸骨。

有一味中药叫当归,主治补血活血,调经止痛,润肠通便。"当归"一名的由来有两种说法。一种说法是:当归治疗妊娠妇女产后恶血上冲,疗效显著,如果发生气血逆乱的现象,服用之后可以降逆定乱,使气血各有所归,故名当归。另一种说法是:当归可以调血,是治疗女性疾病的重要药物,古人娶妻首先是为了生子,这味药便有想念丈夫的意思,故名当归。唐代才女葛鸦儿有一首思念远行丈夫,名为《怀良人》的诗:"蓬鬓荆钗世所稀,布裙犹是嫁时衣。胡麻好种无人种,正是归时不见归。"意思跟当归相同。古人常以当归送人,表示离别之意,盼着朋友早日归来。

# 妇

## 跪坐着用扫帚打扫卫生

士曰妇人，庶人曰妻 ——《礼记》

❶

《周易·序卦》篇中写道："有天地然后有万物，有万物然后有男女，有男女然后有夫妇，有夫妇然后有父子，有父子然后有君臣，有君臣然后有上下，有上下然后礼义有所错。""夫妇之道不可以不久也，故受之以《恒》。"这是讲解"恒"卦的来由，从中可以看出古人对"夫妇之道"的高度重视。事实也是如此，夫妇乃是家庭的最基本单位。

"妇"的繁体字是"婦"，甲骨文字形 ❶，左边是一把栩栩如生的扫帚，右边是一位跪坐着的女子。金文字形 ❷，大同小异。《说文解字》："妇，服也。从女持帚，洒扫也。"我们今天还常常说"男主外女主内"，古代也是一样，女子主家门之内的事务，因此解释为服事全家人。

白川静先生在《常用字解》一书中却有不同的意见，他认为"'帚'形示木棍端头细细劈开形成之帚，用帚蘸取香酒洒沥，用来清祓祭祖的庙宇"。这段议论固然有趣，但并不准确。还是应该以许慎的释义为准，张舜徽先生在《说文解字约注》一书中总结道："古者男劳于外，女治于内，洒扫之事，女子任之，故婦字从女持

❷

帚也。"

　　同时,甲骨卜辞中还有借"帚"为"妇"的用例,女人持家,洒扫是第一要务,因此才用扫帚来会意。这个字形中的女人之所以呈跪姿,是因为魏晋之前的中国人都席地而坐,这种"坐"可不同于今天的垂腿而坐,而是两膝着地,臀部压在脚跟上。同理,女人持家也总是呈跪姿,看看今天日本人的日常生活就会明白了。

　　《尔雅·释亲》中写道:"子之妻为妇。"因此"妇"一定是出嫁之后的称谓。这种称谓还有具体的等级制要求,比如《礼记·曲礼下》篇中规定:"士曰妇人,庶人曰妻"。平民百姓只能称"妻"。

　　之所以说古代中国是男尊女卑的社会,是因为古人赋予了出嫁之妇许多限制,这就是所谓"三从四德"。孔子的学生子夏在为《仪礼·丧服》所作的"传"中说:"妇人有三从之义,无专用之道,故未嫁从父,既嫁从夫,夫死从子。"此即"三从"。

　　周代有"九嫔"一职,据《周礼》记载,"九嫔"的职责是"掌妇学之法,以教九御妇德、妇言、妇容、妇功"。九嫔和九御都是宫中的女官之名。

　　郑玄注解说:"妇德谓贞顺,妇言谓辞令,妇容谓婉娩,妇功谓丝枲。"丝枲(xǐ)是纺织之事。古代妇女可真够累的,又要有专一的"妇德",又要有辞令得体的"妇言",又要有温柔顺从的"妇容",最后还要有勤劳干活的"妇功"。此即"四德"。

《尔雅·释亲》中又写道："妇称夫之父曰舅，称夫之母曰姑。"这一称谓迥异于今天媳妇对公婆的称谓。我们立刻就能联想到唐代诗人朱庆馀的名篇《近试上张籍水部》："洞房昨夜停红烛，待晓堂前拜舅姑。"

不明白古今称谓的这种变迁，有些古书就看不懂。比如《庄子·外物》篇中有"室无空虚，则妇姑勃溪"的描述，意思是：住室不宽敞，妇姑（婆媳）之间就会争吵。多么形象的描述！这其实隐喻着婆、媳二人对家庭控制权的争夺。但婆婆也是由"妇"升级为"姑"的，由此可见，"妇"之为"妇"，难矣哉！同时也可看出，困扰今天中国人的婆媳关系，其实已经困扰了中国人几千年，白川静先生在《常用字解》一书中总结说："'妇姑'问题自古有之，婆媳间常常发生矛盾。甲骨文关于妇人的平安的占卜记录中，询问姑之灵是否会作祟生殃之占卜多见。人们相信，给媳妇造成灾殃的大多为姑婆之灵。"

# 处

**戴着虎皮冠的人祭祀完后靠着几案休息**

肌肤若冰雪，绰约若处子 ——《庄子》

❶　　　　　❷

处，金文字形 ❶，据左民安先生说这是一个会意字，上面是老虎的形状，右下角的"几"形是虎足的变形。但是这只老虎怎么会意为"处"，却语焉不详。多数学者认为左边是身着虎皮或戴着虎皮冠的人，右下角就是"几"，几案。此人据几而坐，大概是在举行祭祀或祈祷仪式。小篆分为两种：字形 ❷，其实就是"処"，是"处"的古字，也是一个会意字，《说文解字》："処，止也。得几而止。"人凭几歇息；字形 ❸，恢复了金文的虎头，变成了一个形声字。楷书繁体字形 ❹，与小篆相似。

"处"的本义就是中止，停止。《周易·系辞》："君子之道，或出或处。"君子或者出去干一番事业，或者安静地待在家里休养身心。在家里修身养性的君子被称为"处士"或"处子"。《荀子》中曾说："古之所谓处士者，德盛者也。"德才兼备而不出仕，自然是厌恶官场和世俗的污浊，此举是只有德行很高的人才能做出的选择，那些流俗之辈，削尖了脑袋尚且还要往官场上钻，哪里配当高洁的"处士"呢！

今天的人们大都把"处女"的"处"读作 chù，四声，其实这是错误的，正确的读音应该是 chǔ，三声。今天

的"处女"一词用来指没有过性交经历的女子,但是古代却不一样,仅仅是指没有出嫁的女子。

先秦时期,"处女"一词就已经出现了,跟"处士"一样,也可写作"处子"。《管子》:"十日之内,室无处女,路无行人。""处女操工事者几何人?"《荀子》:"处女莫不愿得以为士"。《庄子》:"藐姑射之山,有神人居焉,肌肤若冰雪,绰约若处子。"古人对"处女"和"处子"的解释是:"在室女也。"即待在闺阁之中尚未出嫁的女子。因此,"处女"又称"室女"。

为什么"处女"是"在室女也"?这就是因为"处"的古字是"処"的缘故。"几"是古人席地而坐时有靠背的坐具,室内有几,用来休息,因此从"処"的本义中止、停止引申而来。从字面意义来讲,"处女"就是居止在室内的女子,待字闺中,尚未出嫁。未经开发的"处女地"也是由此引申而来。

从"处"的本义又引申出"处所"的意思,指人或物所在的地方,当作这个义项的时候才读四声 chù,比如"儿童相见不相识,笑问客从何处来"。现在人们常说的行政机关或行政机关里的一级单位、一个部门叫"某某处",又是从"处所"这个义项引申而来的。再加以远引申,又可以当作办理、决断或惩罚之意。比如"德以处事",是指德行足以办理事务;比如"臣愚不能处也",我的能力很愚笨,不能做出决断;又比如处罚、处决、处斩，都是惩罚的意思。

二十四节气的第十四个节气叫"处暑"，在每年阳历的 8 月 23 日左右。这里的"处"也应该读作三声 chǔ，"处暑"就是暑气至此就停止了。还有人解释说："处暑，暑将退伏而潜处。"意思是暑气马上就要潜伏起来了。有三个征兆预示着处暑这个节气的来临，其中两个征兆都是"处"的本义的最好解释。第一个征兆是"鹰乃祭鸟"，古人认为鹰是义鸟，此时感应到肃杀之气，开始大量捕捉鸟类而食，不过鹰捕捉到鸟类之后，不会立刻就吃掉，就像人祭祀的时候不会先吃祭食一样，而且还说鹰不捕杀怀孕的鸟类，因此称"义鸟"。这当然是附会，真正的原因是因为暑气停止或潜伏，鹰要捕捉鸟类储存起来。第二个征兆是"天地始肃"，"肃"是衰落、萎缩的意思，此时天地间暑气停止或潜伏，万物开始凋零。

《藐姑射之处子》(藐姑射之处子)
吉川灵华绘,纸本设色,1918年,东京国立近代美术馆藏

  吉川灵华(1875—1929),日本明治大正时代画家,本名準,通称三郎。他继承大和绘古典艺术,40多岁与镝木清方等结为"金铃社"。以被称为"春蚕吐丝描"的纤细、优雅的线描艺术著称,作品独具一种高雅、清冽的美感,被誉为"墨仙"。
  本幅画的是庄子笔下的姑射神女。"藐姑射之山,有神人居焉,肌肤若冰雪,绰约若处子"。远山清浅,近景是花木中若往若还的神女。她长发如墨,肌肤如雪,衣裳淡雅,裙裾翩翩,清丽绝俗,确有餐风饮露之仙气。整幅画面灵秀高洁,颇得《庄子·逍遥游》神韵。

## 树木或物体的分叉

花面丫头十三四，春来绰约向人时 ——刘禹锡

❶

"丫"是个很少单独使用的字，主要用于丫头、丫鬟两个称呼，而且是中古时期（魏晋南北朝隋唐）才出现的字。

丫，小篆字形❶。《广韵》："丫，像物开之形。"《集韵》："丫，物之歧头者。"就是树木或物体的分叉。

在宋代之前，"丫鬟"从来没有被当作婢女的代称。"丫鬟"本来写作"鸦鬟"，是古代女子的一种发式❷，李白有诗《酬张司马赠墨》："上党碧松烟，夷陵丹砂末。兰麝凝珍墨，精光乃堪掇。黄头奴子双鸦鬟，锦囊养之怀袖间。今日赠予兰亭去，兴来洒笔会稽山。"王绮注："双鸦鬟，谓头上双髻，色黑如鸦也。"头上双髻很像"丫"的形状，因此又写作"丫鬟"。因为是头上的发式，故又称"丫头"。刘禹锡《寄赠小樊》："花面丫头十三四，春来绰约向人时。"《乐天寄忆旧游，因作报白君以答》："丫头小儿荡画桨，长袂女郎簪翠翘。"可见唐代时"丫头"是对青春少女的美称，没有任何贬义成分。

李商隐写有五首名为《柳枝》的诗，诗前有一篇很长的序，陈启源解释序中出现的"丫鬟"一词说："丫

❷

鬟谓头上梳双髻,未适人之妆也。"这里就说得更明白了,"丫鬟"乃是对还没有嫁人的少女的称呼。

李商隐的这篇诗序很长,讲述了一个凄美的爱情故事。

十七岁的洛阳"美眉"柳枝,有一次偶然听到邻居李让山吟诵堂弟李商隐的诗作《燕台诗》,不觉为之倾倒,惊问李让山:"这首诗是谁写的?"李让山据实以告。柳枝姑娘伸手拽断了一根衣带,央求李让山转赠李商隐乞诗。

第二天,李商隐来到柳枝姑娘住的巷子里,只见"柳枝丫鬟毕妆,抱立扇下,风障一袖"。柳枝说自己三天后要去河边洗裙子,邀请李商隐在河边约会,李商隐当然满口答应下来。大概是李商隐回去后对狐朋狗友们吹嘘了一番,谁料他的一个朋友居然把他的行李偷走,先跑到长安去了。没了行李连觉都睡不成,于是李商隐随后追赶朋友,就此错过了与柳枝姑娘的约会。

冬天的时候,李让山赶到长安城告知李商隐,柳枝姑娘被东部某地的封疆大吏娶走了。于是李商隐写了五首《柳枝》,以纪念这段如烟飘散的未遂爱情。五首诗录于下,供读者朋友鉴赏。

"花房与蜜脾,蜂雄蛱蝶雌。同时不同类,那复更相思。"

"本是丁香树,春条结始生。玉作弹棋局,中心亦不平。"

"嘉瓜引蔓长,碧玉冰寒浆。东陵虽五色,不忍值牙香。"

"柳枝井上蟠，莲叶浦中干。锦鳞与绣羽，水陆有伤残。"

"画屏绣步障，物物自成双。如何湖上望，只是见鸳鸯。"

后来有人考证说，柳枝因为和李商隐有约在先，执意不从封疆大吏，后被卖到湖楚之地当了烟花女子，李商隐还曾经两次去江浙一带寻访，最终无果。

宋代人王洋为自己的诗所作的注解中说："吴楚之人，谓婢女为丫头。"婢女大多都是年轻姑娘，因此，"丫头""丫鬟"从宋代开始就成了婢女的代称，一直沿用到民国时期。《红楼梦》中就描写了许许多多令人印象深刻的丫鬟。

## 受到阻碍的植物屈曲生长

但是好花皆易落，从来尤物不长生
——刘禹锡

❶

今天的男人们把具有媚惑力的漂亮女人称作"尤物"，对"尤物"充满了艳羡之情，一看见"尤物"恨不得立马据为己有。殊不知在古代，"尤物"是男人们，尤其是以道德高尚自诩的男人们避之唯恐不及的对象。

尤，甲骨文字形❶，《说文解字》："从乙，又声。"按照许慎的说法，这是一个形声字，"乙"像植物屈曲生长的样子，受到阻碍还能屈曲生长，则显示出优异。因此许慎解释道："尤，异也。"但是有的学者则有不同的看法。左民安先生认为"尤"是一个指事字，甲骨文字形表示的意思是："在右手的手指上有一点，意思是生了一个肉瘤，即'疣'，俗称'瘊子'，中医上叫'千日疮'。"他进而认为"尤"其实就是"疣"的初文。丁山先生则认为这个字形像"手欲上伸而碍于一"，上面的一横是指事符号。这种解释很接近许慎的看法。金文字形❷，接近甲骨文。小篆字形❸，更接近许慎所说的"从乙，又声"的形声字字形了。

"尤"的本义就是优异，但是也可以表达它的反面意思，比如怪异，比如过失、罪过。有个成语"以儆效尤"，意思就是以此警告效法怪异的、坏的行为的人。古代的

字书关于"尤"的解释大同小异,如《小尔雅》:"尤,怪也。"《左传》注:"尤,甚也。"《管子》注:"尤,殊绝也。"

"尤物"一词最早见于《左传·昭公二十八年》。晋国大夫叔向想娶申公巫臣和夏姬所生的漂亮女儿为妻,叔向的母亲规劝他说"甚美必有甚恶",然后得出结论:"夫有尤物,足以移人;苟非德义,则必有祸。"意思是尤物的能量足以改变人的精神状态,使人心理和行为统统失衡;如果男人不是有德有义的正人君子,根本不可能镇住这种尤物,祸患也就随之而来。此处的"尤物"特指绝色美女。但是"尤物"同时还可以指杰出的人物,《庄子·徐无鬼》:"南伯子綦隐几而坐,仰天而嘘。颜成子入见曰:'夫子,物之尤也。形固可使若槁骸,心固可使若死灰乎?'"这段话的意思是,南伯子綦靠着几案坐着,仰面向天,缓缓吐气。颜成子进来看见了,说:"夫子是出类拔萃的人物。形体固然可以如同枯骨,心灵难道也可以如同死灰吗?"此处的"物之尤也"即指杰出的人物。

唐代诗人元稹所作的《莺莺传》,对"尤物"一词的解释更加详细。张生对崔莺莺始乱终弃后,为了良心上的安宁,讲了一篇大道理,其中的关键词就是"尤物":"大凡天之所命尤物也,不妖其身,必妖于人。使崔氏子遇合富贵,乘宠娇,不为云,不为雨,为蛟为螭,吾不知其所变化矣。昔殷之辛,周之幽,据百万之国,其势甚厚。然而一女子败之,溃其众,屠其身,至今为天下僇笑。予之德不足以胜妖孽,是用忍情。"这段话的意思是：凡是尤物，不害己必害人。假如崔莺莺嫁给富贵之人，凭着娇宠，不为云，不为雨，为蛟为龙，我不知道她能变化到何种程度。过去的殷纣王和周幽王，据百万之国，国家强盛，然而一个女子就让他们亡国了，致使众叛亲离，死无葬身之地，成了天下人的笑柄。我的德行不足以胜过妖孽，只有忍情，和她分手。

可见，在古人心目中，能够跟"尤物"相抗衡，且镇得住"尤物"的，唯有崇高的德行。自忖德行不足的人，比如张生，趁早远离"尤物"，否则众叛亲离，死无葬身之地，更甚者还要亡国亡家。"尤物"如此可怕，能量如此巨大，因此古人谈起"尤物"的时候，常常语带贬义。刘禹锡有诗："但是好花皆易落，从来尤物不长生。"则简直近于诅咒了。

从"尤"的本义"优异"又可以引申出"尤其""更加"的意思，用作这个义项的时候作副词。

明代陈洪绶绘、项南洲刻，明末刊本

《张深之正北西厢秘本》插图「莺莺像」

陈洪绶（1598—1652），字章侯，号老莲，浙江诸暨人，晚明著名画家，擅长人物画，风格独特。明亡入云门寺为僧，后还俗，以卖画为生，死因说法不一。

元代王实甫著《西厢记》杂剧在明代广为流传，出现大量校注、评点及改写版本。《张深之正北西厢秘本》为晚明山西人张道浚在杭州期间与当地文士共同校订的版本，陈洪绶亦为"参订词友"之一，并为之绘制插图六幅，包括这幅"莺莺像"。

《西厢记》源于唐代元稹的传奇《莺莺传》，亦称《会真记》，原文写张生与崔莺莺恋爱，"始乱终弃"的故事。莺莺之美，文中形容"颜色艳异，光辉动人"，令张生一见倾心。后来张生负心，为自己辩护，谓莺莺为"尤物"："大凡天之所命尤物也，不妖其身，必妖于人……予之德不足以胜妖孽，是用忍情。"负心亦常事，而如此义正辞严，文过饰非，未免令人不齿。

# 眉

## 一只大眼睛上有好看的眉毛

螓首蛾眉，巧笑倩兮，美目盼兮
——《诗经》

❶

作为人体的组成部分之一，"眉"字出现得很早，甲骨文字形❶，这是一个象形字，一只大眼睛上有两条眉毛。甲骨文字形❷，下面是人形，上面是大眼睛和三条眉毛。金文字形❸，为了更加突出眉毛的形状，干脆把眉毛搬到了眼睛上方。小篆字形❹，直接从金文演变而来。楷体字形完全看不出眉毛的形状了。

《说文解字》："眉，目上毛也。"古人有美眉、恶眉之称，《黄帝内经》："美眉者，足太阳之脉血气多；恶眉者，血气少也。"眉毛无华彩而枯瘁称作恶眉，可见眉毛也可以反映人身体是否健康。女人的眉毛普遍比男人的好看，因此"眉"可以引申为美女，《释名》："眉，媚也，有妩媚也。"女人眉毛姣美，最易传情，所以"眉"可用来形容妩媚的美女。《诗经·硕人》中的名句："螓首蛾眉，巧笑倩兮，美目盼兮。"螓（qín）是像蝉的一种昆虫，体小、方头，广额而有文采，因此用螓首来比喻女子美丽的额头；蛾子形似蝴蝶，触须细长而弯曲，因此用蛾眉来比喻女子美丽的眉毛。古代女人对眉毛非常重视，常用青黑色的颜料画眉，这种颜料叫黛，因此眉毛又称眉黛。明代流传一篇《十眉图》，把女人画出

❷　　　　　❸　　　　　❹

来的眉毛分为十种，名字都非常好听：鸳鸯眉、小山眉、五岳眉、三峰眉、垂珠眉、却月眉、分梢眉、还烟眉、横云眉、倒晕眉。

西汉语言学家扬雄所著的我国第一部方言学专著《方言》中记载，周代时的齐国称"老"为"眉"，另外"黎"也称"老"，吴地方言尊称老人为"黎老"。《诗经·七月》一诗中有这样的诗句："十月获稻，为此春酒，以介眉寿。"十月收获稻谷之后，要酿制春酒，为长寿的老人祝寿。《诗经》中屡屡出现"眉寿"一词。西汉初期，传授《诗经》的《毛传》一书解释道："眉寿，豪眉也。""豪"同"毫"，意思是人年老时眉毛上会长出几根特别长的毫毛，即孔颖达所说"人年老者必有豪毛秀出者，故知眉为豪眉也"。这种解释很新颖，只是不知道人老了之后长出"豪眉"是特例还是通常现象，不敢妄猜。

人们通常把"齐眉"当作"举案齐眉"的略语，"案"是木制的盛食物的矮脚托盘，"举案齐眉"就是把盛饭的托盘举到眉毛的高度献给丈夫进食，形容夫妻之间相敬如宾的恩爱。这个典故出自东汉时期，梁鸿和妻子孟光迁居到吴国，投靠到大财主皋伯通家里，并住在堂下的廊屋里，靠给人舂米过活。梁鸿每次外出归来，孟光已经做好了饭，举案齐眉，把盛饭的托盘举到眉毛的高度献给丈夫进食，不敢仰视。皋伯通偶然看到这种情形，不觉大惊，对别人说："梁鸿不过是一介仆佣，他的妻子却对丈夫如此恭敬，看来此人不是凡人。"于是将梁鸿两口子请到家中居住，供给他们的衣食。这就是成语"举案齐眉"的来源。

不过,"齐眉"不仅仅是"举案齐眉"的略语,单独使用的时候,它用来比喻夫妻白头偕老。清代规定,凡是六十岁以上的"齐眉"夫妻,都会得到彩缎珍品的赏赐。雍正皇帝时期,广东兴宁县有位活了一百二十岁的老寿星,共有五子,也都活到了七八十岁,朝廷为了表彰这"一门眉寿",特意赏赐了一匹御用的绸缎。

## 丽

### 鹿头上长着两只美丽的角

天生丽质难自弃，一朝选在君王侧 ——白居易

丽，现在最主要的义项就是美丽，但是它的本义却并非如此。甲骨文字形❶，这是一个象形字，一只鹿头上装饰着两只美丽的角。甲骨文字形❷，鹿稍加变化，更突出了两只鹿角。金文字形❸，鹿变形较大，不大看得出鹿的样子了。金文字形❹，跟甲骨文❶的字形几乎一模一样。小篆字形❺，由甲骨文和金文字形演变而来。楷书繁体字形❻，同于小篆。

《说文解字》："丽，旅行也。鹿之性，见食急则必旅行。从鹿丽声。"许慎不仅认为"丽"是形声字，而且说法非常奇特，"鹿之性，见食急则必旅行"的特性不知从何而来，因此而把"丽"字的本义解为"旅行"，很显然与"丽"字的甲骨文和金文字形不符。其实"丽"就是"麗"的古字，最初的"丽"字很像两只鹿结伴而行的样子，后来省写为两只鹿头，不过许慎的解释已经属于引申义了。

"麗"字的本义有两说：一说鹿成对，并驾而行；一说字形上面的两只鹿角并立。两说都可以成立，那么"麗"的本义就是结伴、成对的意思。《小尔雅》解释道："丽，两也。"颜师古解释道："丽，并驾也。"

❸ ❹ ❺ ❻

《周礼》中有"丽马一圈"的规定,意思是两匹马养在一个圈里。这个义项后来加了一个单人旁写作"俪",当"配偶"解,仍然符合"丽"字的本义:成对。《左传》中说:"鸟兽犹不失俪。"意思是鸟兽还不愿意失去配偶呢。《左传》中又有"伉俪"一词,孔颖达解释道:"伉俪者,言是相敌之匹偶。"什么是"相敌之匹偶"?《左传·昭公二年》有详细的解说。晋平公的宠妾少姜死了,鲁昭公前往晋国吊唁,到了黄河边,晋平公派士文伯来辞谢,说:"非伉俪也。请君无辱。"意思是少姜不是正室,按照礼节不需要鲁昭公亲自来吊唁。孔颖达疏:"言少姜是妾,非敌身对偶之人也。""相敌之匹偶"首先是身份相匹敌的夫妻,少姜是妾,当然跟晋平公身份不合,不能称为"伉俪"。"伉"本义是匹敌,相当;"俪"本义是配偶。"伉俪"即相匹敌的配偶。

既为成对、结伴,那么一定会互相依存,因此"丽"引申出附着的意思,比如附丽。由"麗"字的甲骨文和金文字形——鹿头上两只美丽的角,又引申出美丽的意思,长安水边多丽人,天生丽质难自弃,一直延续到今天,成为日常生活中最常用的义项。

"丽"还有一个比较少见的用法,当作"数目"解。《诗经·文王》:"商之孙子,其丽不亿。"古人的"亿"指十万,这句诗的意思是说殷商子孙的数目不止十万。这仍然是从"丽"字的本义——成对、两——引申而来表示数量,属于远引申义。

《长恨歌图》卷上(局部)
狩野山雪绘,绢本工笔重彩,17世纪,爱尔兰切斯特·比替图书馆藏

狩野山雪(1590—1651),日本江户时代早期狩野派画师,自号蛇足轩、桃源子、松柏山人。此故事长卷《长恨歌图》分上下两卷,以白居易《长恨歌》为蓝本,描绘了唐明皇与杨贵妃凄美的爱情故事,大约绘于1646年。上卷描绘从"汉皇重色思倾国"到杨贵妃被赐死于马嵬坡的故事主线,下卷则描绘死别之后明皇对贵妃千折百回的思念。

这一段画的是故事开始,两人爱情最美的阶段:"杨家有女初长成,养在深闺人未识。天生丽质难自弃,一朝选在君王侧。回眸一笑百媚生,六宫粉黛无颜色。春寒赐浴华清池,温泉水滑洗凝脂。侍儿扶起娇无力,始是新承恩泽时。"画面上是贵妃出浴,侍女如云,争相搀扶簇拥着娇弱无力的红裳丽人。殿外是温泉之水,殿内暖香氤氲,情正浓,人正艳。此时怎想得到一朝鼙鼓动地来,宛转蛾眉马前死的结局。

# 婴

## 女子用手取来串玉作为装饰

使处女婴宝珠，佩宝玉，负戴黄金。
——《荀子》

❶　　　　　❷

刘熙所著《释名·释长幼》中说："人始生曰婴儿。"不过古人对名物的分类极其精细，秦代字书《仓颉篇》中就有这样的细分："女曰婴，男曰儿。"女孩子为什么称"婴"呢？

婴，甲骨文字形❶，右边是一个跪坐着的女子，中间是她的一只手，左边是串玉之形。甲骨文字形❷，手和串玉换了一下位置。整个字形会意为：女子用手取来串玉，作为装饰。金文字形❸，串玉之形变成了"贝"。女子上部的半圆形是指事符号，因为书写所限，无法将"贝"书写在女子的颈部，因此用这个指事符号表示颈部乃是悬挂装饰品的地方。李孝定先生说："盖古者婴儿以连贝系颈为饰。"小篆字形❹，上面定型为两个"贝"。高鸿缙先生在《正中形音义综合大字典》中说："乃两贝连成之装饰品，为古代女子所常用者，故其本义作'颈饰'解，即今之项链。"

《说文解字》："婴，颈饰也。从女賏。賏，其连也。"《礼记·内则》记生男生女的习俗为："子生，男子设弧于门左，女子设帨于门右。""弧"是木弓，"帨"是佩巾。《礼记·射义》中则说："故男子生，桑弧蓬矢六，以射天地四方。天地四方者，男子之所有事也。

❸

❹

故必先有志于其所有事,然后敢用谷也,饭食之谓也。""桑弧"是桑木弓,"蓬矢"是蓬梗所制的箭,男孩子出生后,用这样的弓箭射天地四方,勉励男孩子志在四方、胸怀大志的意思。很显然,这是重男轻女的古代习俗。

女孩子刚出生时,不可能立刻就以串玉或两贝挂在颈上,而是指女孩子长大之后,以之为装饰品。古人对女孩子没有过高的期望,打扮得漂漂亮亮就行了,因此就称新出生的女孩子为"婴"。

荀子在《富国》篇中论述弱国同强国相处之道,"譬之,是犹使处女婴宝珠,佩宝玉,负戴黄金,而遇中山之盗也,虽为之逢蒙视,诎要桡腘,君卢屋妾,由将不足以免也"。

"处女"指待在闺阁之中尚未出嫁的女子。处女的惯常装饰就是"婴宝珠",将宝珠系在颈上。"逢蒙视"指不敢正视的样子;"诎要"通"屈腰";"桡"通"挠(náo)",弯曲,"腘(guó)"指膝盖窝,"桡腘"即屈膝;"君"为"若"之误,"卢"通"庐",简陋的草屋,"君卢屋妾"指就像居住在草屋里的婢妾。系宝珠、佩宝玉、头戴黄金的处女遇见山中之盗,即使卑躬屈膝,仍不免于被劫夺的命运,以此来比喻弱国侍奉强国的道理。

串玉或宝珠系于颈上,"婴"由此引申为缠绕,比如西晋文学家陆机所作《赴洛道中作》中有"借问子何之?世网婴我身"的诗句,意思是世俗的道德礼教像网一样缠绕住了我的身体。

# 媚

## 长着大眼睛和漂亮眉毛的女子

妇至，宜安矜烟视媚行
——《吕氏春秋》

今人把女子风骚到极点、媚惑到骨子里的形态用"烟视媚行"来形容，这真是对"烟视媚行"一词的最大侮蔑！"烟视媚行"根本与风骚、媚惑等风流女子的特征毫无干系，而是形容女子害羞的一个成语。我们先来看看"媚"这个字是怎么造出来的。

媚，甲骨文字形❶，这是一个象形兼会意的字，下面是跪坐着的女子，上面突出的是女子的眼睛，眼睛上的眉毛历历可数，会意为长着大眼睛和漂亮眉毛的女子令人喜爱。甲骨文字形❷，女子面向左跪坐着。甲骨文字形❸，女子和眼睛、眉毛变成了左右结构，以更加突出眉毛的特征。金文字形❹和❺，这只眼睛和眼睛上面的眉毛真是又漂亮又栩栩如生啊！小篆字形❻，右边定型为"眉"，变成了一个形声字。

《说文解字》："媚，说也。从女眉声。""说"通"悦"。有人认为这个字形会意的是女子扬眉取悦所钟情的男人，如此一来，"媚行"就真的变成了一副风骚、媚惑的样子。事实是否是这样呢？

《吕氏春秋·不屈》一节记载了白圭和惠子两人初见面的情形。两人初见，惠子就逞口舌之辩，对白圭宣讲国家如何强盛的大道理，连珠炮一般，白圭根本插不

❸ ❹ ❺ ❻

上嘴。惠子走后，白圭对别人说："人有新取妇者，妇至，宜安矜烟视媚行。"

尚秉和先生解释说："安矜烟视媚行，形容新妇之状态，可谓入微矣。然可意会，难以言诠。安者，从容；矜者，谨慎；烟视者，眼波流动不直睨；媚行者，动止羞缩柔媚安徐也。是皆新妇初入门之状态，反是则失身份。"清代学者梁玉绳解释"烟视"则曰："谓若人在烟中，目不能张，其视甚微也。"高诱解释"媚行"则曰："媚行，徐行。"

如此一来，"烟视媚行"所描摹的女子形态就非常清晰了：新媳妇微微眯着眼往前看，不东张西望，羞涩地缓步前行。

紧接着，白圭继续往下说，对"安矜烟视媚行"的描述更加具体："假如新媳妇进门后，看到家里的小孩子拿着火把玩，立刻就说：'小孩子不能玩火！'或者看到地上有个坑，立刻就说：'快垫上，别崴了脚！'虽然这种举动对家庭有好处，但却不符合新媳妇的礼仪。"

由白圭的描述可知，"安矜"和"烟视媚行"都是对新媳妇的审美观，跟风骚、放荡、妖媚、媚惑扯不上半点干系。白圭其实是用这个举例来讥刺惠子，惠子跟自己刚认识就如此逞能，跟那位不"安矜烟视媚行"的新媳妇一样，违反了基本的礼仪。

由此可知，"媚"的字形绝不能理解为女子主动地向男人眉目传情，只能理解为一位跪坐着的安静的女子，长着一双大眼睛，有着一对漂亮的眉毛。这位女子一定是造字者心中最美的女子。至于谄媚、媚惑、媚外等贬义词，只是后人心术败坏之后引申出来的含义，完全背叛了造字者的本意。

《金瓶梅插画册》之"傻西门引新娘见醉客"
清代佚名绘,纸本设色,美国纳尔逊—阿特金斯艺术博物馆藏

兰陵笑笑生的《金瓶梅》是明代"四大奇书"之首，中国文学史上最伟大的小说之一，也是中国第一部真正意义上的"世情小说"，自问世以来，插图绣像本层出不穷。这组册页作于17～18世纪，乃不知名的清代画家依照明代插图翻画作品。

这幅画的是《金瓶梅》第二十回"傻帮闲趋奉闹华筵　痴子弟争锋毁花院"中西门庆娶李瓶儿一幕。那日西门庆家中吃会亲酒，安排插花筵席，一起杂耍步戏。众帮闲闹着要看新娘子，千呼万唤，百般撺掇。于是厅上铺下锦毡绣毯，女乐导引，麝兰馥郁，丝竹和鸣。李瓶儿身穿大红五彩通袖罗袍，腰束碧玉女带，胸前璎珞缤纷，头上珠翠堆盈，环佩叮当，袅袅娜娜出来拜客。慌的众人都下席来，还礼不迭。李瓶儿的姿态，娇怯羞涩，低眉缓步，颇符合"烟视媚行"的要求。

# 身

## 怀孕后身体重得弯下了腰

> 大任有身，生此文王
> ——《诗经》

❶

❷

东晋诗人杨方有五首感人的《合欢诗》，其中一首吟咏道："我情与子合，亦如影追身。寝共织成被，絮用同功绵。暑摇比翼扇，寒坐并肩毡。"情谊深厚。"亦如影追身"的这个"身"字，甲骨文字形❶，《说文解字》："身，躬也，象人之身。"许慎认为这是一个象形字，像的是人躬身的样子。但是这个字形的肚子为什么非得造这么大呢？

我们来看金文字形❷，突出的仍然是人的肚子。金文字形❸，大大的肚子中间还添加了一个点。我认为这个字是一个会意字，是怀孕的女人的形象，会意为怀孕。"孕"字的甲骨文字形❹，跟"身"非常接近，不同的是里面的一点变成了"子"。也有学者认为甲骨文中的"身"和"孕"是同一个字。

《诗经·大明》："大任有身，生此文王。""大任"即太任，周文王母亲的名字；"有身"指怀孕，生下了文王。关于这个"身"字，《毛传》解释道："身，重也。"郑玄笺注道："重为怀孕也。"孔颖达疏："以身中复有一身，故言重。"怀孕身体很重，重得弯下了腰，跟"身"字的字形多么相像！在关于"身"字众多字

书的解释中,这三位学者的解释是一致的,这才应该是"身"字的本义。黄花岗七十二烈士之一的林觉民,在著名的《与妻书》中也是这样的用法:"且以汝之有身也,更恐不胜悲,故惟日日呼酒买醉。"

此外,从五代之后,年老妇女多自称"老身",据《新五代史》记载,后汉皇后李氏有一段诰命,其中说:"老身未终残年,属此多难,唯以衰朽,托于始终。"年老妇女自称"老身",当是从"身"字的本义"怀孕"而来,道理很简单,因为只有女人才会怀孕。从"身"字的本义可以引申出身体、自身、性命等义项,还可以当作量词,《论语·乡党》:"必有寝衣,长一身有半。"睡觉时一定要有睡衣,长一身半。小篆字形❺,跟甲骨文和金文区别不大。

古时有个成语叫"二首六身",今天已经很少使用,当然也就很少有人知道是什么意思了。这是七十三岁的隐语,出自《左传》中一段有趣的故事。

据《左传·襄公三十年》载,晋悼公的夫人是杞国人,于是晋国派人去给杞国修城。悼公夫人为感谢修城归来的人,请他们吃饭。有位绛县老人因为没有儿子,只好自己服这项劳役,但按照规定,年龄大的老人不能服役,有人就怀疑老人的年龄,老人不肯据实相告,就说了这样一段话:"我出生那天是正月甲子日,到现在已经过了四百四十五个甲子了,最后一个甲子才过了三分之一。"小吏听不懂这番话,就去请教朝中大臣。大臣们纷纷卖弄聪明，都不明确解释，乐师师旷说："他七十三岁了。"史赵接着说："亥有二首六身，下二如身，是其日数也。"史赵此话更是打哑谜。士文伯接着说："他出生二万六千六百六十天了。"

我们来看史赵口中的"亥"字，小篆字形❻，上面"二首"，二横为首，象征着二万；下面"三身"，三个"身"字的人字形，"人"跟"六"的字形很像，"三身"因此象征着六千六百六十。合起来，二万六千六百六十就是七十三年。六十日为一甲子，此老自称四百四十四又三分之一甲子，正好是二万六千六百六十天。古人真是有文化啊！

这个故事的尾声是：执政大夫赵武向老人道歉，并任命他为绛县师。后世就把高寿之人称作"绛县老人"，也省称为"绛老""绛人""绛生"，凡是古代诗文中出现这样的称谓，都是指高寿之人。同理，"二首六身"也成为高寿的隐语。

## 像蛇一样分叉的舌头

妇有长舌，维厉之阶 ——《诗经》

《诗经·瞻卬》："妇有长舌，维厉之阶。乱匪降自天，生自妇人。"此处的"妇人"指周幽王的宠妃褒姒，意思是：有个妇人长了个长舌头，这是灾祸的祸根。大乱不是从天而降，而是这个妇人制造的。这首诗当然是在古代男人中流行的"女人祸水"论的写照，男人把国难的一切责任都推到了女人头上。这就是"长舌妇"这个日常俗语的来历。

我们来看看这个"舌"到底有多长。

舌，甲骨文字形 ❶，这是一个象形字，下面是口，上面是口中吐出的长长的舌头，旁边还有两滴唾液。甲骨文字形 ❷，和字形 ❶ 一样，舌头居然都分叉！有学者认为最早的"舌"字的字形是从蛇类的舌头得来的灵感，因为蛇类的舌头分叉，给人的印象非常之强烈，因而造出了这个"舌"字。金文字形 ❸，结构变得更加复杂起来，中间的四个黑点代表唾液。小篆字形 ❹ 和楷体字形都区别不大。

以上是最直观、最形象的解释，但是徐中舒先生从文化人类学的角度，却有非常奇特的解释。他说："甲骨文告、舌、言均像仰置之铃，下像铃身，上像铃舌，

本以突出铃舌会意为舌,古代酋人讲话之先,必摇动木铎以聚众,然后将铎倒置始发言,故告、舌、言实同出一源,卜辞中每多通用,后渐分化,各专一义。"

《说文解字》:"舌,在口,所以言也,别味也。"舌头在口中,用以说话和辨别滋味。又说:"从干从口,干亦声。"许慎没有见过甲骨文和金文,因此把一个好端端的象形字曲解成了形声字。徐锴则进一步错误地解释道:"凡物入口必干于舌,故从干。"段玉裁也说:"干,犯也,言犯口而出之,食犯口而入之。"这都是因为没见过甲骨文和金文字形的缘故。

古代相术中关于舌头的描述很有趣,比如说"舌如绛赤者,贤人也",比如说"吐舌及鼻,三公也",吐出的舌头能够到鼻子是做三公的征兆。但同时古代肉刑中亦有"断舌"之刑。据《汉书·刑法志》记载:"当三族者,皆先黥,劓,斩左右止,笞杀之,枭其首,菹其骨肉于市。其诽谤詈诅者,又先断舌。故谓之具五刑。"这是秦汉时期的五刑。"黥"(qíng)又称墨刑,刺刻面额,染以黑色;"劓"(yì)是割鼻;斩断左右脚趾;"枭"(xiāo)首,砍头后悬挂示众;"菹"(zū)是剁成肉酱。犯下诽谤诅咒之罪的,还要先铰断舌头。肉刑是对犯人身体的极大摧残。

所谓三寸不烂之舌,舌头的重要性还体现在纵横之士的雄辩之中。张仪尚未发迹时,有一次跟楚国国相饮酒,楚相丢了一块玉璧,随从都怀疑是贫穷的张仪所盗,将他暴打一顿。回去后,妻子说:"唉!您要是不读书游说,哪里会受到这样的羞辱呢!"张仪问妻子:"你看看我的舌头还在不在?"妻子笑道:"还在。"张仪说:"这就足够了。"后来他果然以辩才发迹。

  最有趣的是,有些具备特异功能的人士,舌头居然还有通感!汉代人董蒿,擅长于将书籍的内容抄录在手掌之中,然后用舌头舔食加以记忆,以至于手掌都被舔烂了,董蒿此举号称"舌学"。举世之中,大概也只有董蒿一人具备这种"舌学"的特异功能吧!

《全本红楼梦·不肖种种大承笞挞》
清代孙温、孙允谟绘，绢本设色，旅顺博物馆藏

　　这幅插图描绘的是《红楼梦》第三十三回"手足耽耽小动唇舌 不肖种种大承笞挞"中"宝玉挨打"一段。"手足"指的是贾环。贾政正因宝玉与琪官结交之事生气,恰好贾环一阵风似的跑过,被贾政叫住问话,贾环就告状说宝玉拉着金钏强奸未遂致金钏跳井。贾政当下气得面如金纸,大喝:"快拿宝玉来!"喝令堵起嘴来,拿大棍往死里打,还嫌小厮打得轻,夺过大板自己狠打。众人慌忙往里报信,王夫人赶来劝不住,直到贾母"颤巍巍"过来,贾政才住手。这一幕节奏极快,兔起鹘落,人物纷沓,如迅雷急雨般,成为前八十回故事中的一个小高潮。

# 齿

❶

❷

❸

## 嘴巴张大露出白森森的牙齿

> 江南不有名儒相，
> 齿冷中原笑未休
> ——司空图

齿，甲骨文字形 ❶，这是一个象形字，像张大的嘴里有几颗牙齿。甲骨文字形 ❷，白森森的牙齿虽然不如前一个字形中尖利，但是更像牙齿的形状。甲骨文字形 ❸，上面尖利，下面白森森。金文字形 ❹，这是战国时期的文字，在甲骨文字形的上面添加了一个"止"表声，如此一来，"齿"就变成了一个形声字。小篆字形 ❺，直接由金文字形变化而来。楷书繁体字形 ❻，同于小篆。

《说文解字》："齿，口龂骨也，象口齿之形。"口中牙龈上面长出来的骨头叫"齿"。但许慎这个解释并没有说明白"齿"和"牙"的区别。今天把所有的牙都叫作"牙齿"，古代可不一样，古人在造这两个字时赋予了它们不同的分工：挨着嘴唇的叫"齿"，两颊后面的叫"牙"，绝对不能混淆。因此，"唇亡齿寒"绝不能写成"唇亡牙寒"，"唇齿相依"则更形象地描述出了唇和齿的关系。

由"齿"的本义引申为年龄，因为人的牙齿的多少跟年龄有关；也可以引申为排列如齿状的物品，并进而引申为动词——并列，比如"百官以此相齿"，指百官按照这样的次序排列。人生七十古来稀，周代时，老人的年龄到了七十岁，国君就要赐给老人拐杖，凭借这根

❹ ❺ ❻

拐杖,老人可以享有各种各样的特权,以示尊老之意。这根拐杖称作"齿杖","齿"即指高龄。

殷代卜辞中就有了关于齿疾的记载,武丁时代一位叫"子"的贵族身患多种疾病,其中就包括齿疾。

"齿"不光会痛,还会冷,故有"齿冷"一词,指露出牙齿嘲笑别人,久而久之,牙齿会感到寒冷,故称"齿冷"。"齿冷"的语感比起嘲笑、讥笑、耻笑来要重得多,只有那些极端可耻之事才能用"齿冷"来形容。"齿冷"出自对褚渊的讥讽之辞。

褚渊本是南朝宋国的大臣,还是宋文帝的女婿,宋明帝即位后,同样非常信任他,临终前把儿子刘昱托付给他。几年后,雍州刺史萧道成杀了刘昱,另立顺帝,褚渊居然还推荐萧道成这位弑君之臣担任尚书!后来又积极帮助萧道成代宋建立了齐国。褚渊的行为当时就被人看不起。南齐末年,徐孝嗣是齐武帝的女婿,齐武帝死后,他的皇孙萧昭业继位,萧昭业是个残暴的皇帝,辅政大臣萧鸾于是联手徐孝嗣,准备废掉萧昭业。此时,有位叫乐预的大臣对徐孝嗣说:"外面都在传说废立之事,武帝对您可有大恩,况且您又是武帝的女婿,您可千万别参加进去。人笑褚公,至今齿冷。"几十年的时间流逝了,褚渊的行为还在被人"齿冷",乐预因此警告徐孝嗣不要重蹈覆辙。从此之后,"齿冷"开始进入人们的日常俗语。唐代诗人司空图有诗《南北史感遇》:"江南不有名儒相,齿冷中原笑未休。"

# 自

鼻翼、鼻梁、鼻孔都画出来了

无自广以狭人，匹夫匹妇，不获自尽，民主罔与成厥功。

——《尚书》

"自"是一个妙趣横生的汉字。它为什么会被用来指称自己？让我们从头说起。

自，甲骨文字形❶，很明显这是一个象形字，像的就是鼻子的正视图：左右两侧是鼻翼，上面是鼻梁，中间的一横代表上下分界线，下面是两个鼻孔。画得真是栩栩如生！甲骨文字形❷，中间变成了两横，左民安先生认为这两横代表鼻纹。如此说来，这个象形是一只皱起来的鼻子！金文字形❸，略有变形。金文字形❹，变形得很厉害，为小篆字形❺打下了基础。不过，张舜徽先生认为这个字形的下面像口形，"上像鼻，在口之上。有口，鼻形益见"；后人"引长口字两画向上"，即成为这个字形。

《说文解字》："自，鼻也。像鼻形。"清代学者王筠在《文字蒙求》中说："今人言我，自指其鼻，盖古意也。"其实今天的人们仍然有这样的习惯动作，说"我"的时候，用食指点着自己的鼻子，鼻子就代表"我"。"自"引申指自己之后，后人又造出了"鼻"这个字，专门用来指鼻子。"鼻"是一个从自畀声的形声字。鼻子在五官中最为准直，因此鼻子又称"准"，比如《史记》描述汉高祖刘邦"隆准而龙颜"，"隆准"即形容

❸ ❹ ❺

高鼻;古代医学和相术又称鼻子为"准头",也是由此而来。

"自尽"一词,今天只当作自杀讲,自己将自己走到了人生的尽头,不是自杀是什么?不过最早的时候,"自尽"可完全不是这个意思。

据《尚书·咸有一德》载,大臣伊尹即将告归,临行前告诫商王太甲一段话,其中说:"无自广以狭人,匹夫匹妇,不获自尽,民主罔与成厥功。"孔安国解释说:"上有狭人之心,则下无所自尽矣。言先尽其心,然后乃能尽其力,人君所以成功。"伊尹告诫太甲不要以为自己广大到无所不知的地步,如果你认为别人都无知,那么匹夫匹妇就不能尽他们的能力详尽陈述他们的意见,你这个国君也就不能做成功。这里的"自尽"是指"自尽其意",完整地表达自己的意见。这是"自尽"的原始含义,后来才引申而指自杀。

《世说新语·识鉴》篇,刘孝标注引《孟嘉别传》,讲述了陶渊明的外祖父孟嘉的一则趣事。"嘉喜酣畅,愈多不乱。温问:'酒有何好?而卿嗜之。'嘉曰:'明公未得酒中趣尔。'又问:'听伎,丝不如竹,竹不如肉,何也?'答曰:'渐近自然。'""丝"是弦乐器,"竹"是管乐器,"肉"则指肉声,没有乐器伴奏的清唱。桓温向孟嘉询问为何"丝不如竹,竹不如肉",孟嘉的回答是:"渐进自然。"这里的"自然"并非指大自然,"自"仍然是自己之意,"自然"即自己而然,肉声本来就是自己的嗓音。这才是"渐进自然"的本义所在。

《月百姿·有子》
月冈芳年绘，1886 年

　　《月百姿》系列是一部以月亮为主题的大型锦绘（彩色木版画 100 幅）合集，取材自日本和中国的轶事、历史和神话，描绘了月亮的千态百姿。该系列优美抒情，乃芳年的晚年代表作。
　　这幅画的是女侍有子的故事。有子原是严岛神庙中一位善弹琵琶的"巫女"，16 岁的时候，爱上了从京都而来的德大寺左大将藤原实定。实定回京之后，有子自知这是一段不可能有结果的爱恋，便抱着琵琶，在大阪的海上投水自尽。画上题词**"はかなしや波の下にも入ぬへしつきの都の人や見るとて"**（生无所盼／不如沉入波涛／兴得见我月宫良人）是有子辞世之前弹着琵琶唱的绝命歌。画上没有月亮，但在激荡的海波中反射出明亮惨白的月光，与有子的心境相呼应。人间爱情既不可得，与其绝望而生，不如沉入这月光下的万顷波涛。

## 牙

### 上下交错的两颗大牙

> 戈矛若林，牙旗缤纷
> ——张衡

❶　　　　　❷

甲骨文中有"齿"字，无"牙"字，这说明最早的时候齿、牙不分，都称"齿"；后来分类愈加精细，于是又造出一个"牙"字，二者方才区分开来。具体而言，门牙称"齿"，其余的都称"牙"。

牙，金文字形❶，像牙齿交错之形。徐灏认为人的牙齿本来应该是上下交错，这个字形却是左右交错，这是把它竖置的缘故。金文字形❷，正如徐灏所说乃是上下交错。金文字形❸，牙齿紧紧咬合在一起。小篆字形❹，变得极为繁复，缺乏金文字形的形象了。

《说文解字》："牙，牡齿也。象上下相错之形。"这个释义很奇怪，"牡"指雄性，难道牙也分雌雄不成？段玉裁认为"牡"是"壮"之误，壮齿即大齿，牙大齿小，故称"壮齿"。台湾学者高树藩先生编纂的《正中形音义综合大字典》总结道："小篆牙：像上下交错之形，在口中间平齐相对而小者为齿，在口两旁尖锐相错而大者为牙。取之横视，其形乃见。"

日常生活中，我们能看到猫、狗门牙两侧各有两颗长牙，这就是所谓"犬牙交错"，是食肉动物的尖利武器，配合在一起使用的还有爪，因此"爪牙"连用。

❸ ❹

《诗经·小雅·祈父》中吟咏道:"祈父,予王之爪牙。""祈父"即掌兵甲之事的司马之职。郑玄注解说:"我乃王之爪牙,爪牙之士当为王闲守之卫。"孔颖达解释说:"鸟用爪,兽用牙,以防卫己身。此人自谓王之爪牙,以鸟兽为喻也。"

之所以讲"爪牙",是因为跟古代一个军事建制大有关系。这个军事建制就是牙旗制度。东汉文学家张衡在《东京赋》中吟咏道:"戈矛若林,牙旗缤纷。"三国时期学者薛综注解说:"兵书曰:'牙旗者,将军之旌。'谓古者天子出,建大牙旗,竿上以象牙饰之,故云牙旗。"

唐人封演所著《封氏闻见记》有"公牙"一条,辨析道:"近代通谓府建廷为公衙,公衙即古之公朝也。字本作牙,《诗》曰:'祈父,予王之爪牙。'祈父,司马,掌武修,象猛兽以爪牙为卫,故军前大旗谓之牙旗……军中听号令,必至牙旗之下,称与府朝无异。近俗尚武,是以通呼公府为公牙,府门为牙门。字谬讹变,转而为衙也,非公府之名。或云公门外刻木为牙,立于门侧,象兽牙。军将之行置牙,竿首悬于上,其义一也。"

这段话把后世"衙门"之称乃是由牙旗转变而来的过程讲得非常清楚。按照封演所述,之所以称"牙旗"有两个原因:一是"象猛兽以爪牙为卫",二是旗杆上悬挂兽牙。不过在为《周礼》所做的注中,郑玄曾经解释说:"牙齿,兵象。"食肉动物的牙齿以其锋利被视为刀兵之象,因此而有兵符"牙璋",出土的牙璋的底部有一对至多对齿牙,可以证明郑玄所言。

因此,所谓"牙旗",起初不过就是军旗饰牙。南北朝末期,出现了外缘为锯齿状的军旗,倒是非常符合"牙璋"的本义。行军扎营时,要竖立牙旗以为军门,称"牙门"。后世一直使用到今天的"公衙""衙门""衙内"等称谓,都是由于牙旗制度的消亡而导致的"字谬讹变,转而为衙也"。

# 耳

❶　　　　❷

## 一只区区分内、外的喇叭形耳朵

匪面命之，言提其耳
——《诗经》

"耳"是汉字部首之一，凡是从"耳"的字，都跟耳朵的形状、听觉、声音有关。我们来看看这个字是怎么造出来的。

耳，甲骨文字形❶，很明显是一只耳朵的象形。窦文宇、窦勇两位学者所著《辩证逻辑通论》一书中认为："甲骨文的'耳'字由耳朵的外形、表示耳孔的喇叭形和加在其上的一短竖构成。一短竖表示耳朵分内外两部分。"甲骨文字形❷，大同小异。金文字形❸，林义光在《文源》一书中认为"像耳及耳窦之形"。金文字形❹，其实这两个金文字形把耳廓和耳孔里面的情形都描画出来了，比甲骨文字形精细许多。

瑞典学者林西莉在名作《汉字王国》中有很好的总结："'耳'字出现在甲骨文和金文上则有多种不同的形式，差别相当大。有些猛一看与耳朵的形状相差甚远，但是考虑到外耳七扭八歪的构形，那些字形的样子也就不足为怪了。"

耳，小篆字形❺，字形讹变得很厉害：外面像整只耳朵的轮廓，中间的一横表示耳窍。勉强还能够认出耳朵的形状。而今天使用的"耳"字，完全无法从视

❸ ❹ ❺

觉上看出耳朵的形状了。

《说文解字》:"耳,主听也。象形。"白川静先生在《常用字解》一书中就此发挥说:"'聽'字以'耳'、'目'、'心'为要素。耳、目为人的最重要的器官,因此,'聖(圣)'形示踮起脚尖、侧耳倾听之人处于'口'(置有祷辞的祝咒之器)之前。他诵咏祷辞,向神祷告。他可以听到神的声音,听到神的谕示。这样的人属于'聖'。能够贤明周到地理解神的谕示谓'聰(聪)'。"

《诗经·大雅·抑》是卫武公自责自励的诗篇,其中吟咏道:"于乎小子,未知臧否。匪手携之,言示之事。匪面命之,言提其耳。"马持盈先生的白话译文为:"呜呼小子啊,你不知道什么是善,什么是恶。我不仅以手携着你,而且示之以实际之事;我不仅当面告诉过你,而且又提了一提你的耳朵,使你更为注意。"此即"耳提面命"这个成语的出处。"言提其耳",对照一下甲骨文和金文字形中大大的耳朵的形状,一定提得非常顺手!

最有趣的是"耳食"一词,比喻见识浅,轻易相信传闻,不求真相。司马迁在《史记·六国年表》中议论道:秦国以暴行治天下,但建树的功业也很多,"学者牵于所闻,见秦在帝位日浅,不察其终始,因举而笑之,不敢道,此与以耳食无异"。司马贞索隐曰:"言俗学浅识,举而笑秦,此犹耳食不能知味也。"以耳代口,所食当然不能知味,这一讽刺真乃刻薄!

另外值得说明的是:因为人有两耳,引申之凡是像耳朵之形或两旁有如人耳者皆可称"耳",前者如木耳、银耳,后者如鼎耳、耳房等。

# 足

## 膝盖以下伸出大趾的脚

巧言令色足恭,左丘明耻之,丘亦耻之——《论语》

❶　　　　❷

今天人们的日常用语中不称"足"而称"脚",但是在古代,这两个字可有着不同的含义,而且先有"足","脚"是后起字。

足,甲骨文字形❶,上面的方形表示膝盖,下面是一只左脚,一撇表示大脚趾。甲骨文字形❷,下面画成了一只右脚。金文字形❸,上面的扁圆形更像膝盖,下面定型为左脚象形的"止"。小篆字形❹,跟今天使用的"足"字一模一样。

《说文解字》:"足,人之足也。在下。从止口。"戴侗在《六书故》中说:"自股胫而下,通谓之足,上象膝髁,下象跖。"朱骏声在《说文通训定声》中说:"膝下至跖之总名也。"杨树达先生在《积微居小学述林》中说:"股、胫、蹠、跟全部为足。"以上解说中,"股"指大腿,"髁(kē)"指膝骨,"胫"指小腿,"跖""蹠(zhí)"指脚掌,"跟"指脚后跟。

关于"足"的广义和狭义之别,以及和"脚"的区别,王力先生在《王力古汉语字典》中有总结诸说的详细辨析:"上古'足'有广、狭两种意义。广义包括股、胫、蹠,是下肢的总称……狭义只指胫下接触地面的部

分。汉刘熙《释名·释形体》：'足，续也，言续胫也。'与'蹠'所指相同。上古的'脚'只指小腿，与'胫'所指相同。中古以后，'脚'才转指胫以下的部分，与上古狭义的'足'同义。在有的方言中，如湘方言'脚'既可指整个下肢，也可特指小腿以下的部分。"

"足"既为人体的一部分，在讲求礼仪的古代中国，当然也就有着身体语言的具体要求，《礼记·玉藻》中规定："足容重，手容恭，目容端，口容止，声容静，头容直，气容肃，立容德，色容庄。"郑玄注解说："足容重，举欲迟也。"也就是说，走路不能匆匆忙忙，要缓缓而行。

《论语·公冶长》篇中载有孔子的一句名言："子曰：'巧言令色足恭，左丘明耻之，丘亦耻之。'""巧言"指动听却不实在的话，"令色"指谄媚悦人的脸色，二者组合为"巧言令色"这个成语，形容用动听的言语和伪善的面目取悦于人。孔子曾经感叹过："巧言令色，鲜矣仁。"这种人的目的是虚伪讨好别人，因此仁心就极少了。

何谓"足恭"？何晏注解说："足恭，便僻貌。"邢昺进一步解释说："便僻，谓便习盘僻其足以为恭也。"朱熹则解释说："谓习于容止，少诚实也。"这些释义都过于拗口，其实不过是形容人在权势者面前或有所求于人时的足部动作。比如领导让下属过来，下属会一路小跑，这就属于"足恭"的行为。《大戴礼记》中也有这种人的生动写照："足恭而口圣。""足恭"是把身段柔了又柔，"口圣"是把说的话柔了又柔，看似守礼，其实虚伪。

不需要再借助其他部位,足部就已经能够坚实地支撑行走时身体的重量,因此"足"引申为充足、足够等义项。

《陶靖节遗像》局部
明代李翠兰绘，绢本墨笔长卷，北京故宫博物院藏

此卷款题"万历壬午年秋七月永安李氏写于闺中"，钤"翠兰"印。万历壬午年即1582年。李翠兰，永安（今福建永安）人，生平不详，明代女画家。擅以宋李公麟白描法作人物画，线条外柔内刚，富有表现力。

《陶靖节遗像》全卷共分十三段，分别绘制了陶渊明的画像以及陶渊明生平轶事，可能是临摹元代赵孟頫《陶靖节先生像》之作。从中可以看出李翠兰深厚的白描功底，行笔流畅自如，线条细劲圆润，人物神情自然，带有六朝萧散风度。历代以陶渊明故事为题材的画作不知凡几，而传世女性画家作品仅此一件，弥足珍贵。

这一段描绘的是陶渊明当众量脚的轶事。江州刺史王弘造访陶渊明，见渊明无履，便让左右为其作履。左右请履度，渊明于众坐伸脚，令度。及履至，着而不疑。画上三人席坐，旁有两酒坛。陶渊明正若无其事伸出一只赤脚，让侍从以尺量度。王弘是陶渊明的仰慕者，为结识他于半路置酒邀饮，后来常常接济他。渊明有脚疾，王弘就让人抬着肩舆给他乘坐。王弘身居高位，年龄也与陶渊明相差很多，二人能如此交往，可见魏晋人物之放达真率。

# 龋

## 一条虫子使劲儿往牙齿里钻

齐中大夫病龋齿 ——《史记》

❶　　　　　❷

　　龋（qǔ）齿俗称虫牙、蛀牙。在甲骨文发现之前，最早记载这一口腔病例的文献是《史记·扁鹊仓公列传》："齐中大夫病龋齿，臣意灸其左大阳明脉，即为苦参汤，日嗽三升，出入五六日，病已。得之风及卧开口、食而不嗽。"名医淳于意曾任齐国的太仓公，故称"仓公"。他采取灸法和含漱法治愈了龋齿病，而且指出该病的病因是受风邪、睡觉张口和食后不漱口所致。

　　其实，早在甲骨文时代即有此病。龋，甲骨文字形❶，看起来就非常可怕：一条虫子使劲儿往牙齿里钻，把牙齿都钻成了三个黑点表示的碎屑。甲骨文字形❷，大同小异。甲骨文字形❸，省去了碎屑之形。

　　闻一多先生释此字为"龋"。甲骨卜辞中有这样的记录："勿于甲御妇好龋？"妇好是商王武丁的妻子，这条卜辞是占卜要不要在甲日为妇好禳除龋齿病。

　　龋，小篆字形❹，变成了左齿右禹的形声字，右边的"禹"显然是虫的增饰，同时也表示捉虫。小篆字形❺，又变为左牙右禹，这也是《说文解字》所收录的字形。

　　《说文解字》："龋，齿蠹也。""蠹（dù）"即虫子蛀蚀之意。刘熙也在《释名·释疾病》中解释说："龋，

❸

❹

❺

齿朽也,虫啃之,齿缺朽也。"由此可见,从古至今人们都错误地认为龋齿病跟虫蛀有关。

龋齿病太常见,因此古人往往以此为喻,早在西汉的《淮南子》中就有用此病来阐明哲理的论述。《说山训》载:"坏塘以取龟,发屋而求狸,掘室而求鼠,割唇而治龋,桀、跖之徒,君子不与。"其义甚明。

同篇又载:"狸头愈鼠,鸡头已瘘,虻散积血,斲木愈龋,此类之推者也。"这一节论述很有意思:狸猫的头可以治愈鼠疮;"鸡头"指芡实,形似鸡头,又称"鸡头米",可以治愈称作"瘘(lòu)"的颈部肿大;"虻(méng)"即牛虻,因为吸血而能治愈淤血;"斲(zhuó)木"即啄木鸟,啄木鸟食虫,因此可以治愈龋齿病。虽然不符合今日的医学观,不过却也显示了古人朴素的思维方式。

最有趣的是,"龋齿笑"还被女人发明为一种巧笑之姿。据东晋干宝所著《搜神记》载:"汉桓帝元嘉中,京都妇女作愁眉、啼妆、堕马髻、折腰步、龋齿笑。愁眉者,细而曲折;啼妆者,薄拭目下,若啼处;堕马髻者,作一边;折腰步者,足不在下体;龋齿笑者,若齿痛,乐不欣欣。始自大将军梁冀妻孙寿所为。"

"愁眉"指剃去多余的眉毛,眉梢上勾,眉形细而曲折;"啼妆"指用粉在眼睛下面薄薄地涂拭一层,看起来就像啼痕;"堕马髻"指将发髻偏于一侧,就像骑马时从一侧坠落的样子;"折腰步"是形容走路时腰肢扭捏，好像双脚撑不住身体一样；"龋齿笑"是故意模仿牙痛而笑的样子。

这些妆饰和身体语言的发明者乃是东汉外戚、权臣梁冀的妻子孙寿，《后汉书·五行志》评价为"此近服妖也"，果然，不久后梁冀就全族被诛。